Reinhold Ruthe

Sieben Fragen, die uns plagen

*Lebensprobleme
und mögliche Lösungen*

BRENDOW VERLAG

CIP-Titelaufnahme der Deutschen Bibliothek

Ruthe, Reinhold: 7 [Sieben] Fragen, die uns plagen:
Lebensprobleme u. mögl. Lösungen; [Angenommensein — Angst — Depression —
Leiden — Schuld u. Schuldgefühl — Sinn d. Lebens — Tod u. Sterben] /
Reinhold Ruthe. — 2., unveränd. Aufl. — Moers: Brendow, 1988
  (Edition C: M; 86)
  ISBN 3-87067-275-7

NE: Edition C/M

ISBN 3-87067-275-7
Edition C — M 86
© 1986 Copyright by Brendow Verlag, D-4130 Moers 1
Einbandgestaltung: A. Müllenborn, Kommunikations-Design, Wuppertal
Printed in Germany

Inhaltsverzeichnis

Vorwort 11

I. *Die Frage nach dem Angenommensein* *13*

Wenn die Annahme fehlt 14
Wer kann sich nicht akzeptieren? 15
Ich bin angenommen 17
1. Schritt: Wir praktizieren Nächstenliebe
           und Selbstliebe 20
2. Schritt: Wir machen uns nicht
           von anderen Menschen abhängig 21
3. Schritt: Ich betrachte den anderen
           mit positiven Augen 22
4. Schritt: Wir praktizieren Annahme
           in Form von Anerkennung 24
5. Schritt: Ich danke, daß ich bin 25

II. *Die Frage nach der Angst* 29

Angst gehört zum normalen Leben 30

Angst und Furcht ist nicht dasselbe 31
Die übertriebene krankhafte und krankmachende Angst . . . 32
Wie entsteht Angst? 33
Angst wird unbewußt auf ein Ziel hin eingesetzt 34
Die verschiedenen Charaktertypen
und ihre speziellen Ängste 36
Angst ist ein Beziehungskonflikt 39
Todesangst und Lebensangst 40
1. Schritt: Ich kann mich zu einem neuen Denken
erziehen 41
2. Schritt: Eltern und Erzieher
müssen ihre Ängste überprüfen 42
3. Schritt: Wir überprüfen die Ziele der Angst 43
4. Schritt: Eine „Zauberformel" gegen die Angst 44
5. Schritt: Über die Angst sprechen vermindert die Angst . . 45
6. Schritt: Der Glaube ist eine wunderbare Kraft,
mit der Angst fertig zu werden 46

III. *Die Frage nach dem Leiden* 47

Die tausend Gesichter des Leidens 48
Wenn Leiden verdrängt wird 49
Kann man das Leiden sinnvoll reflektieren? 51
Macht Leid gescheit? 54
Leid hat sein Gutes 55
1. Schritt: Wir nehmen Leiden als Reifungshilfen an 56
2. Schritt: Wir wollen Leiden nicht durch
Befürchtungen aufbauschen 57
3. Schritt: Wir lernen, daß Wunden Wunden heilen 58
4. Schritt: Wer mitleidet, verringert sein eigenes Leid 59
5. Schritt: Loslassen, um zu empfangen 60
6. Schritt: Dennoch bleibe ich stets an Dir 62
7. Schritt: Wir rechnen mit Seinem Trost 63

IV. *Die Frage nach Schuld und Schuldgefühlen* 67

Was verstehen wir unter dem Begriff Schuld? 68
Vier Bedeutungen der Schuld
Schuld ist Ausdruck einer gestörten Beziehung 69
Schuld — biblisch gesehen 70
Schuld und Schuldgefühle erfahren wir
über das Gewissen 71
Mit Schuldgefühlen kann ich unbewußte Ziele
verfolgen 72
Krankhafte Schuldgefühle und ihre Folgen 74
Die Abwehr realer Schuld
mit Hilfe der Abwehrmechanismen 76
Wie werden wir mit der Schuld fertig? 79
1. Schritt: Wir tragen für unsere Schuld
            die persönliche Verantwortung 79
2. Schritt: Wir müssen lernen, unser raffiniertes
            Abwehrsystem zu durchschauen 80
3. Schritt: Der Umgang mit der krankhaft
            empfundenen Schuld 81
4. Schritt: Vergib uns unsere Schuld, wie wir vergeben
            unseren Schuldigern 82

V. *Die Frage nach dem Sinn des Lebens* 85

Sinnlosigkeit verdirbt unser Leben 85
Die Sinnfrage in verschiedenen Lebensphasen 87
Die Zukunft ist das, was wir von ihr halten 89
Sinnlosigkeit ist anerzogen 90
Sinnlosigkeit tritt da auf, wo Menschen glauben,
abhängig von Welt und Umwelt zu sein 91
Der Wille zum Sinn 92
Wo ein Ziel ist, da ist auch ein Wille 94
1. Schritt: Sich selbst annehmen 95
2. Schritt: Nicht das Schicksal anklagen 96

7

3. Schritt: Nicht die Kinder
zum alleinigen Lebenssinn machen 96
4. Schritt: Positive Augen trainieren. 97
5. Schritt: Das Glaubensleben verstärken 98
Gebet eines Leuchtturms 100

VI. *Die Frage nach der Depression* 103

Verbreitung der Depression 104
Wodurch ist die Depression gekennzeichnet? 105
Die organisch bedingte Depression 106
Die körperbedingten Depressionen 108
Welche körperlichen Störungen
können mit der Depression verbunden sein? 108
Die psychogenen Depressionen 109
Wer wird krank? 110
1. Schritt: Der Depressive muß lernen, für sein Leben
ein Stück Verantwortung zu übernehmen. 111
2. Schritt: Wir begleiten den Depressiven
zum Nervenfacharzt 113
3. Schritt: Die Korrektur der Verlierer-Gesinnung 114
4. Schritt: Die Korrektur des starken Ehrgeizes 116
5. Schritt: Der Depressive muß seine Wertvorstellungen
überprüfen 117
6. Schritt: Der Depressive findet Hilfe in Gott 118

VII. *Die Frage nach Tod und Sterben* 121

Der König und sein Narr 122
Leben wir bewußt? 123
Arbeitssucht, die Flucht vor dem Tode 125
Sich mit dem Sterben vertraut machen 125
Das Sterben von Angehörigen ist ein Segen für uns 127
Der Blick auf den Tod
macht das gegenwärtige Leben reicher 127

Wir haben eine Hoffnung 129
1. Schritt: Die Kunst des Liebens und die Kunst
          des Sterbens erlernen 130
2. Schritt: Tod und Sterben nicht totschweigen 131
3. Schritt: Das Haus bestellen 132
4. Schritt: Aufsehen auf Jesus...................... 133

Literaturverzeichenis 135

Bibelstellenverzeichnis 137

Vorwort

Es gibt Lebensfragen, die gehen unter die Haut. Wir können sie nicht unbeantwortet in den Papierkorb werfen, denn sie treffen den Nerv unserer Existenz.

Über die Jahrhunderte hinweg sind sie in allen Generationen lebendig geblieben.

Junge und alte Menschen werden mit solchen Problemen konfrontiert. Sie können Jugendliche und Erwachsene aus ihrer Selbstzufriedenheit herausreißen oder ihnen einen heilsamen Schrecken einjagen. Selbstverständlich können Lebensfragen verdrängt und überspielt, zweifellos können sie negiert und ausgeklammert werden. Vielleicht können wir sie eine Zeitlang beiseite schieben, doch dann holen sie uns mit Sicherheit ein — die einen mehr als die anderen — und treiben uns Nadeln ins Gewissen.

Viele versuchen eine Antwort,
die einen *oberflächlich,*
die anderen *radikal,*
die einen *ausweichend,*
die anderen *zentral.*

Die Beschäftigung mit Lebensfragen ist mehr als ein intellektueller Zeitvertreib. Lebensfragen sind keine Themen für unverbindliche Plauderstündchen. Sie sind keine Allerweltsfragen, die nur gestellt, rhetorisch formuliert, um ihrer selbst willen aufgeworfen werden. Christen und Nichtchristen bleibt keine Wahl, sie müssen sich ihnen stellen. Auf diese Weise

werden wir herausgefordert,
müssen wir Stellung beziehen,
müssen wir Antwort geben.

Bei diesen Lebens- und Existenzfragen helfen in der Regel

keine Alltagsweisheiten,
keine Wässerchen und Pillen,
keine Rezepte aus der Arztpraxis und
keine philosophischen Wahrheiten.

Sie beinhalten bestenfalls Symptomkosmetik, aber keine Lebenswende.

Darum ein Trost für alle Fragenden, eine Antwort für alle Zweifler und Grübler: Wir sind mit unseren Problemen nicht alleingelassen. Gott hat es in Seiner himmlischen Welt nicht ausgehalten, Er hat Erbarmen mit unserer Ratlosigkeit und Fragwürdigkeit. Gott wurde Mensch in Jesus Christus, und seit dieser Zeit dürfen wir die unumstößliche Gewißheit haben:

Jesus Christus verspricht keine Antwort, Er *ist* die Antwort,
Er hofft auf keine Rettung, Er *ist* die Rettung,
Er empfiehlt keinen Weg, Er *ist* der Weg.

I.

Die Frage
nach dem Angenommensein

Jeder Mensch lebt davon, angenommen zu werden.

Die zwei schlimmsten Worte, die einem widerfahren können, lauten:

„Annahme verweigert!"

Wirkliches Leben ist ohne Annahme nicht möglich, seelische Gesundheit und soziale Entwicklung sind ohne Annahme nicht erfahrbar. Geistige und körperliche Entfaltung bleiben ohne Annahme mangelhaft. Wir leben davon, angenommen, akzeptiert, gewollt und geliebt zu sein. Säuglinge, die nicht angenommen werden, zeigen psychische und körperliche Störungen; sie bleiben zurück. Mit gesunden und normalen Kindern können sie nicht Schritt halten, denn ihre Intelligenz bleibt auf der Strecke. Die leib-geist-seelischen Entfaltungsmöglichkeiten werden blockiert. Die schlimmste Strafe, die wir einem Kleinkind angedeihen lassen können, sind nicht Schläge, ist nicht die körperliche Züchtigung, sondern Liebesentzug.

Einen Menschen mißachten,
einen Menschen ignorieren,

einen Menschen wie Luft behandeln,
einen Menschen übersehen und links liegen lassen —
das ist ein Verbrechen.

Wie der Fisch nicht ohne Wasser existieren kann, so kann der Mensch nicht ohne Annahme leben. Annahme ist wie der Sauerstoff, der zum Leben gehört. Im zwischenmenschlichen Umgang benutzen wir das Wort „abschreiben". Wir können Gegenstände abschreiben, die ihren Wert eingebüßt haben. In der Wirtschaft gehört das zum Geschäft. Wer aber einen Menschen abschreibt, macht ihn zum Krüppel.

Wir können Autos abschreiben,
wir können Maschinen abschreiben,
wir können Häuser abschreiben,

aber wir können keinen Menschen abschreiben. Der abgeschriebene Mensch geht zugrunde, er geht ein wie eine Blume ohne Wasser.

Wenn die Annahme fehlt

Vor mir sitzt eine Dame in der Beratung. Sie ist 34 Jahre alt, resigniert, deprimiert und verzweifelt. Sie wirkt wie ein Kind, zurückgeblieben und unreif, gleichgültig wie eine alte Frau, verhärmt und vom Leben gezeichnet. Ihr Vater hat sie als Kind geschlagen, ihre Mutter hat sie verlassen. Sie fühlt sich unerwünscht, mißhandelt und abgelehnt.

„Ich sollte bestimmt nicht geboren werden, ich laufe wie eine Verstoßene in dieser Welt herum."
„Kein Mensch will mich."
„Kein Mensch hat mich lieb."
„Ich weiß gar nicht, was Liebe ist."

Ihre Lebensgeschichte ist die Geschichte eines Verstoßenen und Abgelehnten. Die Frau kennt kein Zuhause, keine Heimat, keinen Menschen und keine Geborgenheit. „Ich gehöre nirgendwo hin. Das Leben ist eine einzige Strafe." Sie hat viele Männergeschichten hinter sich. Viele bezahlten sie und ließen sie nach kurzer Zeit wieder im Stich. Liebebedürftig hängte sie sich an alle und versuchte krampfhaft, das sporadische Angenommensein festzuhalten. Enttäuscht fiel sie immer wieder in Leere und Hoffnungslosigkeit zurück, ein verkrüppelter Mensch, der vor sich hinvegetiert, ohne Glück, ohne Sinn und ohne Hoffnung. Er lebt von der Sozialhilfe, ohne Lebensmut und Zuversicht. Ihm fehlte und hat immer eine lebensnotwendige Annahme gefehlt.

Wenn diese Frau ihr unglückliches und verkrüppeltes Leben ändern will, muß sie Annahme erfahren — von Menschen und von Gott. Geduld und Liebe sind erforderlich, um dieses beängstigende Defizit aufzufüllen.

Darum ist es für jeden Mensch lebensfördernd zu wissen und zu erfahren.

— wo er hingegehört,
— wo er einen festen Platz hat,
— wo er zu Hause ist.

Denn Angenommensein ist ein Grundbedürfnis des Menschen.

Wer kann sich nicht akzeptieren?

In einem Arbeitskreis für angehende Altenpfleger haben wir den Satz diskutiert: So, wie ich bin, bin ich gut genug. Von 20 Teilnehmern konnte das niemand überzeugend von sich sagen, was bedeutet, daß keiner von ihnen sich wirklich selbst akzeptierte. Wir haben dann darüber gesprochen, warum viele Menschen diese Worte nicht über die Lippen bringen und was sie wohl hindern mag, sich so zu bejahen, wie sie sind. Wann kann sich jemand nicht so akzeptieren, wie er ist?

— Wenn er nicht mit sich *zufrieden* ist, äußerlich und innerlich.
— Wenn er sich nicht *geliebt* weiß, sich nicht geliebt *fühlt* — völlig unabhängig davon, ob seine Gefühle richtig sind oder falsch.
— Wenn er nicht genug *Bestätigung* und Anerkennung bekommt.
— Wenn er *Minderwertigkeitsgefühle,* sogenannte Komplexe hat.
— Wenn er sich *unterdrückt* fühlt.
— Wenn er sich niemandem *anvertrauen* kann.
— Wenn er glaubt, immer *geben* zu müssen, damit er geliebt und ernstgenommen wird.
— Wenn er sich *unmoralisch* und minderwertig fühlt.
— Wenn er glaubt, nicht *liebenswert* zu sein, für einen Menschen des anderen Geschlechts keinerlei Anziehung zu besitzen.
— Wenn er zur *Angeberei* neigt und ständig sich und der Welt beweisen muß, daß er jemand ist.
— Wenn er glaubt, er dürfe solche Worte nicht in den Mund nehmen, um nicht vor anderen Menschen *überheblich* zu erscheinen.
— Wenn er glaubt, er könne jetzt einfach die Hände in den Schoß legen, weil er ja sowieso perfekt ist.
— Wenn er *Angst* hat, zu versagen.
— Wenn er um jeden Preis *beweisen* will, daß er nicht minderwertig und wertlos ist.

Gegen diese Feststellung „So, wie ich bin, bin ich gut genug", laufen die meisten Menschen Sturm. Wir alle sind gegen uns selbst voreingenommen. Was uns weitgehend kennzeichnet, ist unser Mangel an Vertrauen in die eigene Stärke, ist der Mangel an Vertrauen in unsere Fähigkeit. Wer glaubt, er sei eine Niete,

16

wird alles daransetzen, diesen Glauben zu bestätigen. Er wird tatsächlich Erfolg damit haben, eine Niete zu verkörpern. Wir haben schon als Kinder gelernt, daß wir so, wie wir waren, nicht genügten, nicht gut genug waren. Nur wenn wir bessere Zeugnisse nach Hause brachten, wenn wir bessere Noten erreichten, *mehr* lernten, *mehr* leisteten, *mehr* Geschicklichkeit an den Tag legten und *mehr* arbeiteten, konnten wir unseren Wert beweisen. Der amerikanische Arzt und Therapeut Rudolf Dreikurs hat recht, wenn er schreibt:

„Unsere Nervenkliniken, Gefängnisse und Asyle sind die Verwahrungsorte derer, die jede Hoffnung verloren haben, daß irgend etwas, was sie tun, ihnen Status in der Welt geben kann."[1]

Wenn ich mich nicht akzeptieren kann, leide ich unter großer Angst. Angst ist der Hauptfaktor aller neurotischen Störungen und Konflikte. Angst vor Katastrophen führt oft wirklich zu einem Mißgeschick, und die Angst vor der Angst fixiert die neurotischen Symptome. Angst fördert u. a. die Kaogulation, die Gerinnung des Blutes. Angst verursacht eine Verhärtung und Verengung der Arterien und beeinflußt das Blut selbst, so daß es stärker zur Verdickung neigt. Seelische Bedrängnis und Unzufriedenheit mit sich selbst fördern die Bildung von Klümpchen im Blut und erhöhen die Pfropfenbildung.

Ich bin angenommen

Zweifel und Ungewißheit reißen einen Menschen immer wieder in Verzweiflung und Hoffnungslosigkeit:

Man fühlt sich verstoßen.
Man fühlt sich als Staubkorn im Weltall.
Man fühlt sich als kosmisches Waisenkind.
Man fühlt sich nicht zugehörig.

Unsere Gefühle sind nichts weiter als klägliche Vorurteile. Denn Gott ist in die Welt gekommen, um uns zu sagen:

Ich habe dich lieb.
Ich gehöre zu dir.
Ich gebe mein Leben für dich hin.
Ich habe dich erlöst.

Die Gewißheit, von Gott angenommen zu sein, ist keine Frage des Gefühls. Gefühle sind launisch, sind wetterwendisch und wandelbar. Geht es uns gut, haben wir gute Gefühle; geht es uns schlecht, haben wir schlechte Gefühle. Fühlen wir uns von Gott gehalten, haben wir Gefühle des Haltes; fühlen wir uns im Stich gelassen, haben wir Gefühle der Verlassenheit. Die Gewißheit, daß ich von Gott angenommen bin, lebt nicht von Gefühlen und Argumenten; sie ist auch nicht das Ergebnis einer starken religiösen Überzeugung. Nein, dieses Wissen um das eigene Angenommensein basiert einzig und allein auf dem Wort Gottes, auf dem, was Gott gesagt hat und getan hat: ,,Ich habe dich erlöst; ich habe dich bei deinem Namen gerufen, du bist mein'' (Jesaja 43, 1). Weil wir das wissen, können uns intellektuelle Zweifel und Gedankenspiele nicht verunsichern. Die Gewißheit lebt vom Lebenskontakt mit Christus. Wer seine Hand ausstreckt, hält sie nicht in undurchdringlichen Nebel; er wird von Ihm gehalten. Paulus hat dieser Gewißheit des unzerstörbaren Angenommenseins Ausdruck verliehen, wenn er schrieb:

,,Ich bin gewiß, daß weder Tod noch Leben, weder Engel noch Fürstentümer noch Gewalten, weder Gegenwärtiges noch Zukünftiges, weder Hohes noch Tiefes noch keine andere Kreatur kann uns scheiden von der Liebe Gottes, die in Jesus Christus ist, unserem Herrn'' (Römer 8, 38 ff.).

Das ist eine unbegreifliche Erfahrung:

Ich hänge keine Sekunde in der Luft,
keine Katastrophe reißt mich ins Bodenlose,

kein Verlassenheitsgefühl kann mich irre machen.
Er ist der Weg, die Wahrheit und das Leben.

In der Zeitschrift *Reader's Digest* fand ich einen Aufsatz, in dem folgender Rat gegeben wurde:

„Erheben Sie nie Anklage gegen sich selbst. Erst letzte Woche kam ein Mann mit der Bitte um eine Unterredung zu mir. Seine Haltung war gebeugt, seine Miene niedergeschlagen und seine Stimmung mutlos. »Ich fühle mich fast immer deprimiert und elend. Können Sie mir helfen?« »Nein«, sagte ich, »ich kann nicht in Ihren Kopf kriechen und den Mechanismus darin umbauen. Aber vielleicht kann ich Ihnen sagen, wie Sie sich selbst helfen können ... Warum betrachten Sie sich selbst vom Standpunkt eines Wurms statt von dem Ihres Gottes? Sie sind Sein Kind. Wenn Sie für Ihn wichtig sind — und das sind Sie — woher nehmen Sie das Recht, herumzugehen und Ihre Unwichtigkeit zu beteuern?«"

Das ist wahr. Wer aus der Perspektive eines Wurms sein Leben betrachtet, kriecht auf dem Bauch durchs Leben. Wer sich als Kind Gottes sieht, weiß, daß er ein für allemal zur Gottesfamilie gehört. Die Wurmlogik zweifelt unaufhörlich den Satz an, daß Christus sich Seine Kinder nicht aus der Hand reißen läßt. Der Christ mit Wurmlogik fühlt sich nicht völlig geliebt, nicht ganz gerettet, sondern immer wieder verworfen, übersehen, von Christus bestraft und zum chronischen Zweifeln verurteilt. Die Gewißheit des Angenommenseins trägt durch Höhen und Tiefen, durch Jugend und Alter, durch Glück und Unglück.

Was können wir als Christen tun, um unseren Selbstwert zu stärken?

Wie können wir unsere Selbstliebe fördern, ohne in platten Egoismus abzugleiten?

Welche Schritte können wir gehen, um unsere Selbstannahme zu verbessern?

1. SCHRITT
Wir praktizieren Nächstenliebe und Selbstliebe

Sich angenommen fühlen ist ein zwischenmenschlicher Prozeß. Selbstannahme hat es mit den Mitmenschen zu tun. Ohne Nächstenliebe keine Selbstliebe. Ohne Selbstliebe keine Nächstenliebe. Wer diese Wechselwirkung übersieht, wird niemals zu wirklicher Selbstannahme finden.

Ein Satz im Alten und Neuen Testament geht wie ein roter Faden durch die Bibel. Er lautet: ,,Du sollst deinen Nächsten lieben wie dich selbst; Ich bin der Herr'' (3. Mose 19, 18). Dieser Ausruf ist der Schlüssel für ein gesundes und ausgewogenes Seelenleben. Er ist aber auch das Fundament für eine harmonische Ehe und Partnerschaft. Professor Hellmut Gollwitzer kommentiert diese Gedanken: ,,Jeder findet seinen Reichtum nicht in sich selbst, sondern im anderen. Jeder hat seine Lust nur, damit er dem anderen zur Quelle der Lust wird. Der Egoismus — ich brauche den anderen für mich, für mein Glück — ist die Kraft des Eros; und die Erkenntnis: Ich werde nur glücklich durch das Glück des anderen, ist die Weisheit des Eros.''

Selbstwerdung und Selbstverwirklichung geschehen durch den anderen. Nächstenliebe und Selbstliebe sind unauflösbar miteinander verbunden. Mein Glück ist ohne den anderen nicht denkbar, mein Reichtum ist ohne den anderen nicht lebbar. Theologie und Therapie bezeugen es unmißverständlich:

— Wer sich selbst bejaht, kann auch den anderen bejahen;
— wer sich selbst ernst nimmt, kann auch den anderen ernstnehmen;
— wer sich bestätigt, kann auch den anderen bestätigen;
— wer sich achtet, kann auch den anderen achten.

Erst wenn wir mit uns im reinen sind, kommen wir mit dem anderen ins reine. Darum hat der Dichter Novalis recht, wenn er von gelungener Ehe und Partnerschaft schreibt: ,,Zur Ehe taugst du nur, wenn du mit dir selbst glücklich verheiratet bist.''

2. SCHRITT
Wir machen uns nicht von anderen Menschen abhängig

Das klingt wie ein Widerspruch zur vorhergehenden Regel. Selbstliebe und Nächstenliebe gehören zusammen — aber in einem ausgewogenen Verhältnis. Ein Mensch mit gesunder Selbstliebe ist nicht von Mitmenschen krankhaft abhängig. Eine krankhafte Abhängigkeit von anderen dagegen macht unfrei und hörig.

Von dem ,,Eisernen'' Kanzler Bismarck stammt das markige Wort: ,,Wir fürchten Gott und sonst nichts auf der Welt.'' Unterstellen wir, daß diese Aussage keine rhetorische Floskel darstellt, so beschreibt sie treffend, worauf es ankommt. Wenn Gott die absolute Priorität in unserem Leben einnimmt, dann ist unsere Abhängigkeit von Menschen minimal. Genau an dieser Stelle liegt aber die Fehlerquelle vieler Menschen — auch bei Christen. Sie leben und handeln so, als ob sie der Meinung wären: ,,Ich kann mich nur wohlfühlen, wenn ich merke, daß alle mich mögen.''

Bei allem, was sie tun und lassen, haben sie *zuerst* den anderen im Auge. Keinen wollen sie verletzen und überall gut ankommen. Solche Handlungsweise ist ichbezogen und unrealistisch, geboren aus einer panischen Angst, von Menschen enttäuscht und verletzt zu werden.

Der amerikanische Therapeut Albert Ellis spricht in seinen Büchern von sogenannten Lebensgrundirrtümern. Der erste Lebensgrundirrtum lautet bei ihm: ,,Als erwachsener Mensch muß ich von allen geliebt und anerkannt werden, besonders von bedeutenden Persönlichkeiten meiner Umgebung.'' Wer dieser Vorstellung huldigt, macht sich und anderen das Leben schwer. Wer seinen Selbstwert gering einschätzt, wer sich in seiner Selbstannahme unbestätigt weiß, buhlt um die Liebe der Menschen.

Er tut alles, um sie nicht zu verlieren,
er opfert das Letzte, um sie sich geneigt zu machen,
er verzichtet auf eigene Entscheidungen,
um andere nicht zu vergraulen,
er gibt ständig nach, um bei ihnen nicht anzuecken,
er sagt zu allem ja und amen,
um nirgendwo Unmut zu erregen.

Und die Folge:

— er wird ausgenutzt,
— er fühlt sich zurückgesetzt,
— er läuft den anderen nach,
— er wird gedemütigt.

Niemand bessert sein Selbstwertgefühl auf, wenn er sich von geliebten Menschen abhängig macht. Hörigkeit ist eine Krankheit, die unselbständig, ichlos und lebensuntüchtig macht.

In der Bibel heißt es: ,,Auf Gott hoffe ich und fürchte mich nicht; was können mir Menschen tun?" (Psalm 56, 12). Wer auf Gott hofft, wer Ihn ,,über alle Dinge fürchtet und liebt", der weiß um seinen Wert, der schätzt sich als Mensch *und* als Kind Gottes positiv ein. Er hat eine gute Meinung von sich, weil er gewiß weiß, daß Gott eine gute Meinung von ihm hat. Er akzeptiert sich, weil er sich von Gott akzeptiert weiß.

3. SCHRITT
Ich betrachte den anderen mit positiven Augen

Der Psychotherapeut Eric Blumenthal schreibt in einem seiner Bücher: ,,Ob man zu seinem Partner richtig eingestellt ist oder nicht, kann man daraus ersehen, ob man mehr negative als positive Seiten an ihm wahrnimmt. Um dies festzustellen, nehmen

Sie bitte Papier und Bleistift und beantworten sich selbst folgende vier Fragen, wobei Sie sich die Antworten, die spontan und ohne lange Überlegungen erfolgen sollten, notieren:

a) Was schätze ich an meinem Partner, was mag ich an ihm, was habe ich gern?
b) Was beanstande ich an ihm, was stört mich an ihm, was habe ich nicht so gern?
c) Was schätzt wohl mein Partner an mir?
d) Was beanstandet er an mir?

Bitte fragen Sie bei den letzten beiden Fragen nicht vorher Ihren Partner, sondern beantworten Sie sie, wie Sie es gerade glauben. Wenn Ihnen nichts mehr einfällt, dann vergleichen Sie die Plus- und Minuspunkte. Numerieren Sie sie, daß Sie sehen, welche überwiegen. Wenn das Positive am Partner überwiegt, dann haben Sie die richtige Einstellung. Hat er aber mehr Minuspunkte, dann ist es höchste Zeit, Ihre Augen positiver zu machen."[2]

Positive Augen meinen kein gekünsteltes Lächeln, meinen nicht Nettigkeiten, die man dem anderen sagt. Positive Augen sind der Spiegel einer wohlwollenden inneren Haltung. Sie sehen das Gute, sie ahnen das Verbindende, und sie nehmen das Erfreuliche wahr. Die Bibel drückt es so aus:

,,Das Auge gibt dem Körper Licht. Wenn dein Auge gesund ist, dann wird dein ganzer Körper hell sein, wenn aber dein Auge krank ist, dann wird der ganze Körper finster sein" (Matthäus 6, 22—23).

Kranke Augen, wie die Bibel sagt, oder negative Augen, die eine negative Gesinnung verraten, die Pessimismus, Zweifel und Mißtrauen widerspiegeln, belasten menschliche Beziehungen. Positive Augen, die eine erfolgsorientierte und hoffnungsfrohe Einstellung signalisieren, verarbeiten auch Schweres und Unerfreuliches, das von außen kommt, leichter. Läßt sich dagegen jemand niederdrücken und von schweren Umständen deprimieren, werden auch die Augen keine positive Einstellung haben.

Jeder kann an sich arbeiten, kann seine negative Blickrichtung überprüfen und mit positiven Augen sehen lernen.

4. SCHRITT
Wir praktizieren Annahme in Form von Anerkennung

Jeder Mensch braucht Anerkennung. Ohne Anerkennung können wir nicht leben. Das Wort umfaßt viele Akzente und meint:

— Ich brauche *Anerkennung,*
— ich brauche *Liebe,*
— ich brauche *Bestätigung,*
— ich brauche *Beachtung,*
— ich brauche *Wohlwollen,*
— ich brauche *Komplimente.*

Eric Berne spricht von einem ,,Ur-Hunger'' der Kinder. Dieser frühe Ur-Hunger nach körperlicher Berührung wandele sich später zum seelischen ,,Hunger nach Anerkennung''. Ein Lächeln, ein Nicken, ein Wort, ein Stirnrunzeln ersetzen dann die ,,physischen Streicheleinheiten''. Berne geht so weit, daß er sagt: ,,Anerkennungsstreicheln bewahrt außerdem das Nervensystem vor der Verkümmerung.''

Manche Menschen brauchen viel Anerkennung, um sich sicher zu fühlen. Diesem Hunger nach Streicheleinheiten kann man überall begegnen — in der Ehe, im Klassenzimmer und am Arbeitsplatz. Wie können Streicheleinheiten geäußert werden?

— Ich bringe einen Blumenstrauß mit,
— ich spreche meinen Dank an die Hausfrau für eine gute Mahlzeit aus,
— ich mache echte und spontane Komplimente,
— ich höre intensiv zu,

— ich sehe und ermutige die Anstrengung des Kindes,
— ich sehe zuerst das Positive und nicht das Negative,
— ich glaube an den Partner bzw. an das Kind.

Bestätigung ist ein menschliches Grundbedürfnis. Wird es nicht befriedigt, erfährt der Mensch ein Defizit. Bewunderung, Anerkennung, Bestätigung und Lob sind ein sicherer Weg zum Herzen der Menschen. Sich desinteressiert zeigen, ist Lieblosigkeit. Liebe heißt: Ich achte und respektiere dich, wie du bist. Damit nehme ich den Beruf nicht nur in Kauf, sondern sehe in ihm ein wesentliches Stück des geliebten Menschen. Viel Zündstoff speichert sich in Beziehungen auf, in denen die Partner negativ miteinander reden. Vorwürfe werden oft mit Gegenvorwürfen beantwortet. Einer sagt: ,,Ständig läßt du da deine Sachen liegen, wo du sie ausgezogen hast! Alles muß ich dir nachräumen!'' Kritik fordert Gegenkritik heraus, und wer abwertet, wird selbst abgewertet. Kritik darf nicht dazu dienen, Mängel und Fehler des anderen ins Licht zu heben. Partner, die so miteinander umgehen, sind *fehlerorientiert* und nicht erfolgsorientiert. Sie sehen die Lücken und nicht die Möglichkeiten.

5. SCHRITT
Ich danke, daß ich bin

Ist Selbstannahme ungeistlich?
Ist Selbstliebe Gotteslästerung?

Viele haben das jahrhundertelang geglaubt. Wer sich annehmen kann, wie er ist, ist glücklich. Matthias Claudius hat ein kleines Gedicht verfaßt, das diese glücklichmachende Selbstannahme charakterisiert:
,,Ich danke Gott und freue mich wie's Kind zur Weihnachtsgabe, daß ich bin, bin! Und daß ich dich, schön menschlich Antlitz habe.''

Das ist kindliche Freude,
das ist kindlicher Glaube,
das ist kindliche Dankbarkeit.

Für einen lebendigen Christen eine geradezu klassische Form der Selbstannahme! Wohlweislich setzte Claudius drei Wörter über das kleine Gedicht, nämlich: ,,Täglich zu singen.'' Wer nicht täglich Selbstannahme übt und ,,singt'', wird anderen mit ,,unschönem menschlichen Antlitz'' die Stimmung verderben.

Ich danke Gott, daß ich bin,
ich danke Gott, daß ich lebe,
ich danke Gott, daß ich so bin, wie ich bin.

Ich sage ja

— zu meinem Gesicht,
— zu meinem Körper,
— zu meinen Gaben,
— zu meinen Defiziten,
— zu meinem Beruf,
— zu meiner Persönlichkeit mit allen Vor- und Nachteilen.

Ich sage nicht ja zur Sünde, aber ich sage ja zu mir, weil Jesus Christus mich bedingungslos angenommen hat. Nicht vom In-sich-selbst-verliebt-Sein ist die Rede oder von Selbstbespiegelung, von Eitelkeit und Hochmut. Hier geht es schlicht und einfach um Selbstannahme.

Ich bin in der Tat von Jesus angenommen, so wie ich bin — ohne Wenn und Aber. Ich sage ja zu mir, ohne übertriebene Eitelkeit, ohne Minderwertigkeitskomplexe. Ist es nicht eine Beleidigung Gottes, wenn wir uns selbst nicht annehmen können, wenn unsere Selbstanforderungen höher sind als die unseres Herrn?

Der Liederdichter J. J. Spalding spricht sogar von einer ,,Pflicht'' der Selbstliebe, wenn er in einem Vers formuliert:

„Dein Wille ist's, o Gott,
ich soll mich selber lieben.
O laß mich diese Pflicht
nach Deiner Vorschrift üben.
Und schränke selbst den Trieb,
froh und beglückt zu sein,
den Du mir eingepflanzt,
in heil'ge Grenzen ein."

II.

Die Frage nach der Angst

Angst ist eine Grundbefindlichkeit des Menschen. Sie gehört zu uns wie Augen, Haar und Ohren. Philosophisch ausgedrückt: Angst ist ein „Existential", etwas, das mit der menschlichen Existenz nahtlos verknüpft ist. Immer wieder hat es Epochen der Weltgeschichte gegeben, wo die Angst eine unüberhörbare Rolle gespielt hat:

— am Ende der *Antike,* als tiefgreifende Umbrüche im politischen, im sozialen und wirtschaftlichen Bereich stattfanden;
— im späten *Mittelalter,* als eine panische Angst die Menschen beherrschte, Angst vor Schuld und Verdammnis, Angst vor dem Zorn Gottes, Angst vor Vernichtung. Martin Luther hat in seinem Schrei nach dem gnädigen Gott diesem Lebensgefühl Ausdruck verliehen;
— am Ende der *Neuzeit,* in der wir leben, haben wir Angst vor der Atombombe, Angst vor Umweltverschmutzung und Umweltzerstörung, Angst vor der Zukunft. Albert Camus kann die Sätze schreiben:
„Das 17. Jahrhundert war das Jahrhundert der Mathematik, das 18. Jahrhundert das der physikalischen Wissenschaften,

29

das 19. Jahrhundert das der Biologie. Unser 20. Jahrhundert ist das Jahrhundert der Angst.''

Es gibt normale Ängste und krankhafte Ängste. Es gibt Ängste, die zum Alltag unseres Lebens gehören, die wir bewältigen können, und es gibt Ängste,

— die uns aus der Bahn werfen,
— die uns lebensuntüchtig machen,
— die unsere Handlungsfähigkeit lahmlegen,
— die unser Denken blockieren,
— die das Zusammenleben unmöglich machen,
— die uns neurotisch und psychotisch werden lassen.

Wie können wir entwicklungspsychologisch diese Ängste verstehen? Sind sie angeboren oder erworben? Und wie können wir sinnvoll und hilfreich mit ihnen umgehen? Wie können wir übertriebene und krankhafte Ängste verringern oder gar abbauen?

Wir fragen zunächst: Wie kommt Angst überhaupt zustande? Wo liegen die Ursachen? Was sind die Motive, die Beweggründe?

Angst gehört zum normalen Leben

Das klingt wie ein Widerspruch. Aber ein bestimmtes Quantum Angst ist menschlich. Angst und Furcht gehören zum Menschsein, Angst und Furcht sind in unseren Organismus einprogrammiert. Gott hat zum Überleben einen notwendigen Angstmechanismus in jedes Leben eingebaut, ohne den Menschen und besonders Tiere umkommen würden. Ohne Angst würden wir unvorsichtig, leichtsinnig, blind für tausend Gefahren.

— Ohne Angst würden wir unbeherrscht und unkontrolliert Auto fahren,

— ohne Angst würden wir keine Vorsorgeuntersuchungen machen,
— ohne Angst würden wir darauflosleben ohne Versicherung, ohne Plan, ohne Vorausschau, ohne Absicherung.

Auch Christen haben Angst. Christus hat nicht gesagt: ,,In der Welt habt ihr Angst, aber seid getrost, ich befreie euch von aller Angst.'' Sondern Er hat gesagt: ,,In der Welt habt ihr Angst, aber seid getrost, ich habe die Welt überwunden'' (Johannes 16, 33).

— Wer an Ihn glaubt, der hat einen Angstüberwinder,
— wer an Ihn glaubt, wird leichter mit der Angst fertig,
— wer an Ihn glaubt, erfährt Halt, Geborgenheit, Mut, Hoffnung und Vertrauen.

Angst und Furcht ist nicht dasselbe

Der dänische Philosoph und Theologe Sören Kierkegaard war wohl der erste, der den Unterschied zwischen Angst und Furcht herausgearbeitet hat. Auch er kennzeichnete die Angst als zur Wirklichkeit des menschlichen Lebens gehörend und sah in der Furcht eine Sonderform der Angst. Konsequent hat dann der Philosoph Martin Heidegger Angst und Furcht unterschieden. Für Heidegger ist Angst eine ,,Grundbefindlichkeit des Daseins''.

— In-der-Welt-Sein beinhaltet Angst,
— Angst ist ein Gefühl der Unheimlichkeit,
— Angst ist ein Gefühl des Nicht-zu-Hause-Seins.

Insgesamt:

— Angst ist allgemeiner,
— Angst ist unkonkreter,
— Angst ist unbewußter.

Furcht dagegen ist auf etwas Bestimmtes gerichtet. Furcht hat der Mensch vor konkreten Dingen:

— vor Gott,
— vor Tieren,
— vor Gegenständen,
— vor dem Altwerden,
— vor der Atombombe,
— vor der Arbeitslosigkeit,
— vor der Zukunft.

Auf der anderen Seite müssen wir sagen, daß Angst und Furcht nicht sauber zu trennen sind. Auch sprachlich verwenden wir beide Begriffe gleichsinnig. Wir sagen:

— Ich habe Angst vor dem Hund,
— ich fürchte mich vor dem Hund,
— ich habe Angst vor Strafe,
— ich fürchte mich vor Strafe.

Die übertriebene, krankhafte und krankmachende Angst

Die anomale Angst ist die Hauptursache für sämtliche Störungen, für seelische Krankheiten, Konflikte und Probleme des Menschen. Angst ist die Achillesferse des Menschen. Sie ist der Schlüssel für die gesamte Psychopathologie des Menschen, das heißt, für sämtliche krankhaften seelischen Störungen.

— für sexuelle Probleme,
— für alle Perversionen,
— für Kriminalität,
— für alle Psychosen,

— für alle psychosomatischen Krankheiten (also für Krankheiten des Körpers, die seelisch bedingt sind),
— für alle Phobien, das heißt für zwanghafte Ängste wie Platzangst, Raumangst, Höhenangst, Flugangst, Hundeangst usw.

Die neurotische krankhafte Angst beinhaltet:

— ein Ausweichen vor den Aufgaben des Lebens,
— ein Nichtbejahen der eigenen Persönlichkeit,
— ein Gefühl der Minderwertigkeit, Unzulänglichkeit und Mangelhaftigkeit,
— ein krankhaftes Gefühl, in den Augen anderer Menschen an Wert zu verlieren.

Wie entsteht Angst?

Mit dem Problem der Angst hat sich der Amerikaner John B. Watson, der Begründer des Behaviourismus (Verhaltenspsychologie) beschäftigt. Bei Experimenten mit Kleinstkindern fand er heraus, daß zwei Phänomene im besonderen Angst beim Kleinkind auslösen:

— ein lautes Geräusch,
— der Verlust der Unterlage.

Schon ein Zweimonatskind zeigt hilflose Gebärden der Angst, wenn es ein starkes Geräusch hört und wenn man es von der Unterlage weghebt, wobei der Anschein erweckt wird, als ob man es fallen ließe.

Es geht also um die Basis, um die Grundlage unseres Lebens. Wird uns der Boden, gleichsam die Unterlage, entzogen oder erleben wir, daß der Boden wackelt, so reagieren wir unwillkürlich mit Angst. Ericson spricht von Urvertrauen. Ein Kind, das

Urvertrauen hat, das sich rückhaltlos vertrauend und hingebend an seine Mutter klammern kann, das sich in dieser Welt geborgen fühlt, hat weniger Angst als andere Menschen. Haben wir dieses Urvertrauen nicht genießen können, werden wir verunsichert, es setzt Angst ein. Alle Angst wurzelt nach Sigmund Freud im Vorgang der Geburt und der damit verbundenen Trennungsangst des Kindes, das sich vor Liebesentzug oder dem Verlust der Mutter fürchtet. Dabei können im Laufe der menschlichen Entwicklungsphasen bedingte Ängste als Begleiterscheinungen des Individuationsprozesses auftreten, oft ausgelöst durch Verlust der Geborgenheit und des Vertrauens, durch Überforderungen und Frustrationen, so wie Angst auch immer von einer deutlichen vegetativen Symptomatik begleitet wird (Zwänge, Phobien, Herz-und Magenerkrankungen, Asthma). Doch ist das Ergebnis solcher Entwicklungen keineswegs nur der verängstigte, sondern ebenso der aggressive Mensch, denn Angst kann, um sich Luft zu machen, auch in Aggression umschlagen.

Angst wird unbewußt auf ein Ziel hin eingesetzt

Angst wird immer unbewußt benutzt, um etwas zu erreichen. Sie wird in Dienst gestellt, um unverstandene Ziele zu verfolgen. Angst kann schließlich als Mittel zum Zweck eingesetzt werden. Ein einfaches Beispiel mag das deutlich machen. Ein Kind benutzt Angst, damit die Eltern zu Hause bleiben. Das Kind produziert diese Angst, um seinen Willen durchzusetzen. Es macht die Erfahrung, daß es sich mit Angst gegenüber seinen Eltern durchsetzen kann und terrorisiert mit seiner Angst die ganze Familie. Es baut Angst unbewußt in seinen Lebensstil ein.

Eine andere Form von Angst ist Hilflosigkeit. Ich habe Angst, die Aufgabe zu meistern. Ich habe Angst, den Forderungen nicht gewachsen zu sein. Das Kind, auch der Erwachsene, produzieren Hilflosigkeit:

— „Ich kann das nicht!"
— „Ich verstehe das nicht!"
— „Ich weiß nicht, wie ich damit fertigwerden soll."

Durch Hilflosigkeit und Angst wird der andere gezwungen. Hilflosigkeit ist eine Stärke. Hilflosigkeit ist die Macht der Ohnmächtigen. Hilflosigkeit ist also ein Machtmittel, ein Kampfmittel. Machen wir uns den Zweckcharakter der Angst noch an einem anderen Beispiel deutlich: Wer mißtrauisch ist, hat unter Umständen die Angst als Kind trainiert. Das Kind sagt sich: „Bist du ehrlich und sagst die Wahrheit, kriegst du Schläge." Das Kind hat gelernt und unbewußt in seinen Lebensstil eingebaut, sich Kindern und Erwachsenen gegenüber mißtrauisch zu verhalten. Mit anderen Worten, Kinder und Erwachsene benutzen ihr Mißtrauen, um etwas damit zu erreichen.

Oder nehmen wir die Eifersucht, eine besondere Form der Angst. Da ist beispielsweise eine Frau, die ihre Eifersucht benutzt,

— um den Partner ständig daran zu erinnern, daß er sich nur um sie zu kümmern hat;
— den Partner zu ermahnen, in Gedanken, Worten und Werken treu zu sein;
— den Partner zu klammern.

Die Angst hat viele Gesichter und drückt immer eine Bewegungsrichtung aus. Sie erscheint als:

— Mißtrauen,
— Schüchternheit,
— Neid und Eifersucht,
— Gehemmtheit,
— Lüge,
— Minderwertigkeitsgefühlen,
— in Prahlsucht,
— in Pessimismus.

Überprüfen wir einmal, wie viele Menschen aus Angst lügen. Oder schauen Sie sich jemanden an, der unter Minderwertigkeitskomplexen leidet. Minderwertigkeitsgefühle drücken die Angst aus, in den Augen anderer Menschen gering geachtet zu werden. Auch die Prahlsucht ist im Grunde nur eine Überkompensation der Angst. Der Mensch will ernst genommen werden. Er hat Angst, wenn er nicht aufdreht, aufschneidet, daß seine Worte nicht gehört werden. Auch der Pessimismus ist eine Form der Angst. Es ist die Befürchtung, daß etwas nicht klappt und funktioniert.

Die verschiedenen Charaktertypen und ihre speziellen Ängste

Die Tiefenpsychologie und die Psychiatrie haben vier Persönlichkeitstypen herausgefunden, die modellhaft vier Grundlebensauffassungen und vier Grundlebensüberzeugungen widerspiegeln. In seinem Buch „Grundformen der Angst" hat Fritz Riemann vier Persönlichkeitstypen herausgearbeitet, die jeweils durch verschiedene Ängste gekennzeichnet sind. Diese Charakterstrukturen sind weitgehend nicht vererbt, sie haben sich entwickelt, wurden anerzogen, sind im Umgang mit Eltern, Großeltern, Geschwistern von den betreffenden Menschen geformt worden. Die Charakterstrukturen mit den entsprechenden Angstmustern sind Lebensstil-Eigenarten, die jeweils einem einzelnen eigen sind. Entsprechende Verhaltensweisen der Angst sind trainiert worden, um mit dem Leben besser fertig zu werden.

a) Der schizoide Typ und seine Angst
Der schizoide Charaktertyp ist der unabhängige, der sachliche Mensch. Er verhält sich recht distanziert zu seinen Mitmenschen, denn er braucht den Abstand, den Zwischenraum und weniger die Nähe. Er denkt stark für sich, er arbeitet und lebt mehr für sich. Dieser Charaktertyp hat Angst,

— vereinnahmt zu werden,
— aufgefressen zu werden,
— vor zuviel Nähe,
— geklammert zu werden,
— durch Nähe kontrolliert zu werden.

Aus Angst, vereinnahmt zu werden, reagieren solche Menschen ziemlich mißtrauisch, schroff, lieblos und ablehnend. Dadurch wirken sie meist kalt und abweisend.

b) Die depressive Persönlichkeit und ihre Angst
Der Depressive ist der abhängige Charakter, er ist abhängig von Menschen. Depressive und schizoide Persönlichkeiten sind Gegensatztypen, die sich aber merkwürdigerweise immer wieder anziehen. Der depressive Mensch braucht Nähe, Wärme, das Gespräch, den Austausch. Depressive Persönlichkeiten brauchen Zuwendung, Aufmerksamkeit, Bestätigung und Aufmunterung. Diese Persönlichkeitsstruktur hat Angst

— vor Verlust,
— im Stich gelassen zu werden,
— nicht beachtet zu werden,
— vernachlässigt zu werden,
— übersehen zu werden.

Aus dieser Angst, nicht genug geliebt zu werden, gibt der Depressive oft nach, kann er keine Entscheidungen treffen. Diese Entscheidungsschwäche, die viele Depressive charakterisiert, hat etwas mit den Beziehungen zu anderen Menschen zu tun. Man möchte keinem weh tun, niemandem zu nahe treten und überläßt anderen die Entscheidung. Der Depressive liest dem Partner in der Regel die Wünsche von den Lippen ab. Er tut es, um geliebt, gemocht und anerkannt zu werden.

c) Die zwanghafte Struktur und ihre Angst

Diese Persönlichkeit ist sehr korrekt. Man könnte sie die Ordnungspersönlichkeit nennen. Ein Mensch, den diese Eigenarten charakterisieren, liebt die Genauigkeit, die Geradlinigkeit; er hat einen ausgeprägten Sinn für Linien und Strukturen. Diese Menschen mit ihrem Hang zum Rituellen sind durch Pünktlichkeit und Zuverlässigkeit gekennzeichnet. Rückhaltlos ist auf sie Verlaß, denn Treue ist ihre Stärke, Gewissenhaftigkeit ihr Kapital. Sie sind gehorsam und halten sich sorgfältig an Regeln und Gesetze. Diese Persönlichkeitsstruktur hat Angst

— vor Regellosigkeit,
— vor Gesetzlosigkeit,
— vor dem Risiko,
— vor Treulosigkeit,
— vor Großzügigkeit,
— vor zuviel Toleranz,
— vor Freiheit.

Ein Mensch, der von dieser Grundform der Angst stärker geleitet wird, reagiert leicht gesetzlich, einengend in Ehe und Familie. Sowohl im beruflichen wie im privaten Bereich verleitet ihn seine Angst dazu, fanatisch zu werden, reglementierend sich zu verhalten und überbeschützend etwas zu gestalten.

d) Die hysterische Persönlichkeit und ihre Angst

Diese Persönlichkeitsstruktur ist wiederum das Gegenteil der zwanghaften Persönlichkeit. Sie ist eher freiheitsliebend, risikofreudig, kreativ. Dieser Typ ist durch Spontaneität und Erfindungsreichtum gekennzeichnet. Wo der Zwanghafte genau und gesetzlich reagiert, handelt der Hysteriker großzügig und nicht kleinlich. Dieser Persönlichkeitstyp liebt das Abenteuerliche, das Künstlerische, das Neue und das Aufregende. Überall entscheidet er sich für das Unkonventionelle und aus dem Rahmen Fallende. Diese Persönlichkeit hat Angst,

— durch Zwänge eingeengt zu werden,
— durch Regeln festgelegt zu werden,
— durch Gesetze beschnitten zu werden.

Die hysterische Persönlichkeit hat Angst vor Vorschriften, vor Fesseln, die ihr durch Gebote und Verbote angelegt werden sollen. Sie wehrt sich mit Händen und Füßen, in ihrer schöpferischen Aktivität an die Leine gelegt zu werden. Aus Angst vor der Einengung lebt diese Persönlichkeit Originalität, sie bricht aus ehrwürdigen Traditionen aus und reagiert oft grenzenlos.

Angst ist ein Beziehungskonflikt

Angst ist nicht in erster Linie durch Daseinsbedrohung entstanden; sondern Angst ist die Spiegelung, in den Augen anderer Menschen an Wert zu verlieren. Angst hat immer etwas mit dem Nachbarn, mit dem Partner, mit Kindern, mit Beziehungspersonen zu tun. Angst ist die Befürchtung, von den maßgeblichen Beziehungspersonen nicht genug geliebt, anerkannt und gemocht zu werden. Angst ist daher in erster Linie ein zwischenmenschliches Reaktionsverhalten und kein binnenseelisches Problem. Sie ist die Antwort auf Liebesverlust, sie ist das Signal des Kindes an die Eltern und an die Mutter: Du läßt mich allein. Mit Angst will das Kind den Erwachsenen signalisieren:

— Ich fühle mich ungeborgen.
— Ich fühle mich unsicher.
— Ich erlebe eine Spannung.
— Ich spüre eine Unzufriedenheit.

Angst hat daher einen Aufforderungscharakter. Mit Angst will das Kind an die Erwachsenen appellieren. Die Zielgerichtetheit der Angst kommt wieder ins Licht.

Mit Angst kann das Kind oder der Erwachsene etwas erreichen, mit Angst

39

— wird ein anderer unter Druck gesetzt,
— kann man tyrannisieren,
— kann ich erpressen,
— kann ich jemanden fesseln und an die Kette legen,
— kann ich Hilfeleistungen erbitten.

Todesangst und Lebensangst

Beide Ängste hängen eng zusammen. Wie entsteht Lebensangst?
Wenn ein Kind verwöhnt und überbeschützt wird, jeden Willen
bekommt und ihm alle Schwierigkeiten von anderen aus dem
Wege geräumt werden, wird es lebensuntüchtig, bekommt es
Lebensangst. Ein Mensch, der lebensuntüchtig ist, hat Angst.
Ein Mensch, der Angst hat, weicht aus. Der lebensängstliche
Mensch traut sich nicht. Er packt die Probleme und Aufgaben
des Lebens nicht an. Er hat es nicht gelernt, er ist unselbständig
gemacht worden. Andere haben ihm die Aktivität abgenommen.
Wer aber Lebensangst hat, dem fehlt die Freude am Leben.
Darum schreibt Erwin Wexberg:
„Es ergibt sich aber aus ihm die Möglichkeit, die Neurose
noch durch zwei andere verwandte Kennzeichen näher zu charakterisieren, die praktisch-psychologisch wichtig sind: die Lebensangst und die Todesangst. Die Lebensangst, die sich unter
anderem darin auswirkt, daß so gut wie jede Neurose früher
oder später in Selbstmordgedanken, Selbstmordversuche oder
Selbstmord ausläuft, drückt unmittelbar das Gefühl der Unzulänglichkeit gegenüber den Forderungen des Lebens aus. Die
Todesangst, die der Angst vor dem Leben durchaus nicht wider-
spricht und sehr oft mit ihr und mit Lebensüberdruß gemeinsam
vorkommt, dient der Entwertung eben dieses Lebens, dem sich
der Neurotiker nicht gewachsen fühlt. Denn scheinbar wird
angesichts des Todes jede zielbewußte Bemühung im Leben
sinnlos..."[3]
Hinter Lebensangst und Todesangst stehen:

— Mutlosigkeit,
— Pessimismus,
— Resignation,
— völlige Enttäuschung.

Hinter Lebens- und Todesangst stehen die Einreden der Erzieher und die Selbsteinreden:

,,Ich schaffe es nicht.''
,,Ich habe zwei verkehrte Hände.''
,,Ich bin für dieses Leben nicht geschaffen.''
,,Ich bin ein Versager.''

Diese Lebensangst der Kinder und späteren Erwachsenen wird trainiert. Angst ist ein Verhaltensmuster, das oft schon bis zum 6. oder 7. Lebensjahr eintrainiert wurde. Dahinter steht die Erfahrung, daß man mit Angst das Leben besser meistern kann. Angst wird nicht vererbt, sie wird gelernt, abgeguckt, nachgemacht. Angst ist ein Erfahrungsmuster. Ängstliche Mütter haben oft ängstliche Kinder. Sie infizieren mit Ängstlichkeit in Haltung, Einstellung und Gebaren ihre Kinder.

Was können wir tun, um unser Leben, das von Ängsten, Befürchtungen und negativen Erwartungen beherrscht wird, zu verändern?

1. SCHRITT
Ich kann mich zu einem neuen Denken erziehen

Hinter den Ängsten, Befürchtungen und negativen Erwartungen steckt ein falsches Denken. Angst ist die Befürchtung, in den Augen anderer Menschen an Wert zu verlieren. Der Ängstliche fühlt sich abgewertet, fühlt sich nicht ernst genommen, fühlt sich nicht geliebt, glaubt, nicht zu genügen. Hinter diesen Vorstellungen und Einbildungen steckt ein falsches Denken, das

41

wiederum eine gewaltige Kraft hat. Ein Mensch, der sich für unattraktiv, für häßlich, verklemmt und schüchtern hält, gibt sich auch so. Sein Denken beeinflußt seine Haltung, seine Einstellung und seine Gebärden. Habe ich mir ängstliche und negative Augen zugelegt, reagiere ich mit Befürchtungen. Ich bin das, was ich befürchte. Wer befürchtet, eine Niete zu sein, ist auch eine Niete. Wer Angst hat, etwas nicht zu schaffen, programmiert sich so, daß er es schließlich nicht schafft. Angst macht dumm. Angst blockiert, sie torpediert meinen Lebensmut. Positives Denken dagegen ist eine Kraft, eine Macht, die mein Leben verändern kann. Positives Denken kann meine Beziehungen umgestalten.

2. SCHRITT
Eltern und Erzieher müssen ihre Ängste überprüfen

Durch Angst wird die kindliche Erlebniswelt entwicklungshemmend eingeengt. Bis zum Überdruß müssen sich die Kinder oft ängstliche Befürchtungen anhören:

,,Du wirst dir die Hand brechen'',
,,Man wird dich überfahren.''
,,Der Hund wird dich beißen.''
,,Iß keine Pflaumen!''
,,Trink' kein kaltes Wasser!''
,,Geh' nicht barfuß!''
,,Lauf' nicht in brennender Sonne herum!''
,,Knöpf' den Mantel zu!''
,,Bind' den Schal um!''

Dieses ständige Umsorgt- und Behütetwerden kann dazu führen, daß das Kind lernt, überall Gefahren lauern zu sehen. Die Erwachsenen stehen ständig in Gefahr, den Tod ihres Kindes vor

Augen zu sehen. Sie setzen kein Vertrauen und keine Zuversicht in das Leben ihres Kindes. So kann das Kind keinen Lebensmut gewinnen, sein Leben wird verkümmern. Je mehr Eltern den Tod ihres Kindes fürchten, um so mehr beschneiden sie ihm sein Leben. Angst überträgt sich. Angst lähmt. Was kann wohl dahinter stecken? Die Eltern haben vielleicht ein schlechtes Gewissen. Oder es ist Egoismus, Vernachlässigung, Angst vor Strafe und andere Dinge. Von daher ist es wichtig, daß Eltern und Erzieher ihre eigenen Ängste überprüfen.

3. SCHRITT
Wir überprüfen die Ziele der Angst

Was will das Kind mit seiner Angst erreichen? Was will der Erwachsene, der Lebenspartner, mit seiner Angst erreichen? Ein simples Beispiel mag die Zielgerichtetheit meiner Angst deutlich machen. Ich kann keine Behördenformulare ausfüllen. Ich glaube, zu dumm dazu zu sein. Ich stelle mich dumm. Ich stelle mich hilflos. Was ist der Erfolg? Meine Frau wird es tun. Allerdings sind die Folgen für Kinder und Erwachsene verheerend. Sie werden lebensuntüchtig, reagieren hilflos und steigern damit ihre Angst. Weil sie vor den Aufgaben ausgewichen sind, sind sie später nicht in der Lage, bestimmte Arbeiten zu erledigen. Will ich einem Menschen helfen, muß ich die Ziele seiner Angst erkennen. Was will er mit seinen Ängsten bezwecken? Welche unbewußten Ziele verfolgt er damit? Habe ich die Ziele erkannt, kann ich mein eigenes Verhalten ändern und meine Reaktionen auf sein Verhalten umstellen.

4. SCHRITT
Eine „Zauberformel" gegen die Angst

Dale Carnegie, dessen Bücher in der ganzen Welt Millionenauflagen erbrachten, beschreibt eine „Zauberformel", um peinigende Angstsituationen zu überwinden. Er rät uns, nicht mit einer Katastrophenstimmung an das Problem heranzugehen, und sagt:

a) „Fragt euch, was ist das Ärgste, was möglicherweise geschehen kann?
b) Seht zu, daß ihr euch damit abfindet, wenn es sein muß.
c) Dann trachtet in aller Ruhe danach, dem Schwersten, wenn möglich, die Spitze abzubrechen."

Worin liegt der Effekt?

— Die Bejahung des einmal Geschehenen bildet den ersten Schritt zur Überwindung der Folgen jedweden Mißgeschicks;
— die Bejahung des Schlimmsten gibt stückweise inneren Frieden zurück und setzt Kräfte frei, Lösungsmöglichkeiten zu versuchen. Wer sich auf das Schlimmste gefaßt gemacht hat, kann nichts mehr verlieren. Er kann nur noch gewinnen.
— Zorniges Aufbegehren, sich nicht mit dem Zugestoßenen abfinden können, zerstört alle positiven Ansätze. Das Leben erscheint sinnlos und leer. Jeder Neuanfang ist durch Angst und Verzweiflung blockiert; das Nachdenken lähmt. Verbittert weigert sich der Mensch, aus den Trümmern zu retten, was zu retten ist. Der Stillstand verlängert das Gefühl der Ausweglosigkeit. Aber in der Bibel wird uns immer wieder zugerufen: „Werfet euer Vertrauen nicht weg, welches eine große Verheißung hat" (Hebräer 10, 35).

Wer sich dem lebendigen Gott anvertraut, schaut nicht auf seine eigenen Ängste und Befürchtungen. Er liefert sich Ihm aus. In einem Liedvers haben wir gelernt: ,,Befiehl du deine Wege und was dein Herze kränkt der allertreusten Pflege des, der den Himmel lenkt. Der Wolken, Luft und Winden gibt Wege, Lauf und Bahn, der wird auch Wege finden, da dein Fuß gehen kann.''

5. SCHRITT
Über die Angst sprechen vermindert die Angst

Wenn die Angst vor einem verstehenden Gegenüber ausgesprochen werden kann, ist schon ein Teil von ihr beseitigt. Das Schlimmste ist, wenn man mit seiner Angst allein bleibt. Dann kann der Mensch in Panik geraten. Viele Menschen kommen in die Beratung oder gehen zum Seelsorger, sie sprechen sich aus, die reden sich ihre Schwierigkeiten und Nöte von der Seele. Wer seine Ängste und Nöte ausgesprochen hat, findet Erleichterung. Hinter dem Mit-teilen steht in der Tat ein Verringern und Abschwächen der Ängste und Nöte. Auch mit Gott können wir über unsere Angst sprechen. Wir haben einen Begleiter, wir haben einen Freund, wir haben einen Tröster, wir sind nicht allein. Paulus hat darum im Korintherbrief vertrauensvoll gesagt: ,,Darum bin ich guten Mutes . . . in Ängsten um Christi willen'' (2. Korinther 12, 10). Christus liebt jeden Menschen, ohne Ansehen der Person. Er spielt kein Überlegenheitsgefühl aus, keine Herrscherrolle. Angstfrei dürfen wir zu Ihm ,,du'' und zu Gott ,,Vater'' sagen. Angstfrei dürfen wir kommen und den Mund aufmachen. Er nimmt uns ernst, wie wir sind. Wenn wir aber zu dem Herrn aller Herren angstfrei und ohne Minderwertigkeitsgefühle kommen können, sollten wir da vor Menschen um unser Ansehen fürchten? Wer Ihm glaubt und vertraut, schaut den Mitmenschen angstfrei ins Gesicht, sagt, was er fühlt, und erhebt als einer, der sich geachtet und geliebt weiß, sein Haupt.

6. SCHRITT
Der Glaube ist eine wunderbare Kraft,
mit der Angst fertig zu werden

Christus sagt unüberhörbar: ,,In der Welt habt ihr Angst, doch seid getrost, ich habe die Welt überwunden'' (Johannes 16, 33). Wenn ich an Jesus Christus glaube, bin ich nicht von vornherein angstfrei. Denn wenn ich mich dem lebendigen Gott ausliefere, werde ich nicht automatisch von jeder Angst befreit. In diesem Wort sagt uns Christus, daß Er uns auf allen Wegen begleitet, in Nöten, in Trübsal, in Versuchungen, in Verzweiflung, in Krankheit und Todesangst. Das Gegenteil von Angst ist Geborgenheit. Im Glauben an den lebendigen Gott haben wir Geborgenheit. Auf dem Bilde Dürers ,,Ritter, Tod und Teufel'' lauern die Ängste und Mächte am Wege, aber sie haben keine Macht mehr über den Wanderer. Er geht nicht allein durch die Welt. Die Ängste können sich wie Furien erheben, aber der Herr geht mit. Christen sind eben keine kosmischen Waisenkinder. Sie gehen an Seiner Hand. Das ist kein Trostpflästerchen, das ist Trost. Diese Zuversicht für uns Christen hat Lothar Zenetti ausgezeichnet formuliert:

,,Menschen, die aus der Hoffnung leben, sehen weiter.
Menschen, die aus der Liebe leben, sehen tiefer.
Menschen, die aus dem Glauben leben, sehen alles in einem anderen Licht.''

III.

Die Frage nach dem Leiden

Ob wir wollen oder nicht, die Frage nach dem Leiden wird sich auch in unserem Leben einmal stellen. Kein Mensch kann dem Leid völlig ausweichen. Aber:

Was lehrt uns das Leiden?
Wie gehen wir damit um?
Welchen Sinn erkennen wir in ihm?

,,Wie oft sind es erst die Ruinen, die den Blick freigeben auf den Himmel'', schreibt der bedeutende Psychiater Viktor E. Frankl. Das heißt doch:

Krankheiten und Schmerzen machen nachdenklich;
innerliche und äußerliche Qualen stellen in Frage;
Not lehrt beten.

Das Leiden gehört zu den Grundproblemen dieser Welt. Wie es keine Rosen ohne Dornen gibt, so kennen wir kein Leben ohne Leiden. Beides gehört erfahrungsgemäß zusammen. Beides kennzeichnet unsere Existenz:

Lust und Leid,
Sommer und Winter,
Tag und Nacht,
Freude und Tränen,
Himmel und Hölle,
Sonnenschein und Regen,
Wohlgefühle und Schmerzen,
Geburt und Tod.

Das ist unsere Welt. Es sind die zwei Seiten einer Münze, die wir nicht übersehen dürfen und können.

Die tausend Gesichter des Leidens

Es gibt nicht *das* Leid. Jeder Mensch leidet anders. Den einen plagen körperliche Schmerzen, den anderen quälen seelische Schmerzen. Da wird ein Mensch von äußerlichen Lasten bedrückt, ein anderer schreit auf aus innerer Not. Die Empfindungen, Reaktionen und Deutungen der Not sind von Mensch zu Mensch verschieden. Aus der Fülle der Leidensmöglichkeiten seien einige herausgegriffen:

Ich leide, weil

ich Schmerzen habe;
ich einsam bin;
ich arbeitslos bin;
ein geliebter Mensch gestorben ist;
ich eine Prüfung nicht bestanden habe;
ich unheilbar krank bin;
der Wald stirbt;
in der Dritten Welt Kinder und Erwachsene an Hunger sterben;
man mich lieblos behandelt hat;
ich überfordert bin;
ich mich überflüssig fühle;

ich die finanziellen Belastungen nicht tragen kann;

mein Leben sinnlos ist;

mich die Hoffnungslosigkeit heimsucht;

kein Mensch mich versteht.

Leiden und Nöte können subjektiv und objektiv, übertrieben und eingebildet sein. Es hat keinen Zweck, über die Tiefe des Leids zu philosophieren. Dem einen gelingt es, gelassen und mit Gottvertrauen die Tücken des Leides zu tragen. Er betet und hält geduldig stand, weil er darin Gottes gute Hand erkennt, während ein anderer sich mit seiner ganzen Existenz gegen jedes Leid aufbäumt.

Wir leiden nicht nur, wir lassen auch andere leiden. Nahestehende und Fernstehende, geliebte und ungeliebte Menschen leiden, weil wir rücksichtslos sind, weil wir lieblos, brutal, hartherzig, rechthaberisch und intolerant mit ihnen umgehen. Wir bestrafen sie, wir rächen uns an ihnen. Wir zahlen heim, weil sie uns haben leiden lassen.

Wenn Leiden verdrängt wird

Wir verstehen es in unserer Gesellschaft meisterhaft, das Leiden zu verdrängen. Der leidende Mensch ist kein Thema.

Uns beschäftigt allein

— der aktive Mensch,
— der gesunde Mensch,
— der politische Mensch,
— der junge Mensch.

Wir sprechen vom homo faber, vom homo sapiens, aber nicht vom homo patiens, vom leidenden Menschen. Der Mensch wird als Lebewesen, aber nicht als Leidewesen gesehen. Darum schreibt der Psychiater und Psychotherapeut Viktor E. Frankl:

49

„Dieser Wagemut, der Mut zum Leiden — dies ist es, worauf es ankommt. Es gilt, das Leiden anzunehmen, das Schicksal zu bejahen, sich ihm zu stellen. Auf diese Weise allein kommen wir an die Wahrheit heran, kommen ihr nahe — auf diesem Wege allein, nicht auf den Wegen der Flucht und Furcht vor dem Leiden... Von der Flucht und Furcht vor dem Leiden erfüllt waren nunmehr drei Jahrhunderte mit dem Versuch, die Wirklichkeit zu beschönigen. Man verbarg die Wahrheit und versteckte sich vor ihr hinter zwei Götzen: hinter der Aktivität und der Rationalität. Das Leiden, die Leidensnotwendigkeit, die Wertmöglichkeit des Leidens, wurde nicht zur Kenntnis genommen. Man machte sich selbst und einander vor, mit Hilfe von actio und ratio werde es sich machen lassen, daß Leiden und Sterben, Not und Tod aus der Welt geschafft würden. Man übersah, die Vernunft, die Wissenschaft würde es schaffen. Nicht umsonst hatte man sie glorifiziert... Man wollte ausweichen lernen vor der Wirklichkeit, vor der Notwendigkeit des Leidens und vor der Möglichkeit, das Leiden mit Sinn zu füllen.“[4]

Wer den heilen Menschen, das heißt den ganzen Menschen verstehen will, muß Aktion und Passion, Aktivität und Leiden zusammen sehen. Wer das Leid ausklammert, reduziert den Menschen. Licht und Schatten, Helles und Dunkles gehören zum wirklichen Menschsein dazu. Freud und Leid, Hohes und Tiefes, Schönes und Leidvolles bilden eine fruchtbare Ergänzung. Frankl hat recht: Viele Menschen fliehen vor dem Leiden. Sie fliehen in Aktionismus. Psychologie und Therapie sprechen von Arbeits*sucht,* von der Arbeitsbesessenheit, von der krankhaften Arbeitsaktivität. Die Amerikaner haben ein neues Wort kreiert, das sie *workaholic* nennen. Der *workaholic* ist ein Arbeitssüchtiger. Die Arbeit hat ihn abhängig und süchtig gemacht. Er flieht vor

— der Lebenswirklichkeit,
— dem Leiden und
— der Leere seines Daseins.

Liegt es nicht daran, daß er den Schatten seiner Persönlichkeit verdrängen und auslöschen will. Wer zur Ganzheit, zur Vollständigkeit, zum Heil-werden finden will, muß Aktion und Passion, Tätigkeit *und* Leiden in sich zur Harmonie bringen. Beide Seiten ergänzen und benötigen einander.

Kann man das Leiden sinnvoll reflektieren?

Die Ansichten sind gegensätzlich. Ein kritischer Denker hat gesagt: ,,Die Gedanken über das Leid entstehen meist nicht in der Arena des Leides, sondern auf den Tribünen. In der Arena wird gelitten und geschrien, aber es wird nicht über das Leid reflektiert. In der Arena des Leides ist das Leid kein *Problem,* sondern Wirklichkeit.''[5]

Ähnlich äußerte sich der katholische Theologe Hans Küng. Er formuliert noch härter und unmißverständlicher. Er behauptet, daß jeder Versuch einer theologolischen Leidensinterpretation ,,nur ein gescheites zerebrales Argumentieren darstellt, das dem Leidenden etwa soviel gibt wie dem Hungernden und Dürstenden eine Vorlesung über Hygiene und Lebensmittelchemie.''[6]

Zwischen dem Leidenden und jeder Art von Leidensinterpretation besteht eine große Kluft, die wir nicht übersehen dürfen. In der Regel trifft uns das Leid genau wie der Tod unvorbereitet. Es gibt keine Trainingskurse, um den tausend Gesichtern des Leides innerlich gerüstet entgegengehen zu können. Auch wir können keine Patentrezepte, keine Wundermittel gegen die unzähligen großen und kleinen Leiden unserer Zeit anbieten. Wir wollen aber nicht nur mitjammern, sondern uns einige mögliche Hilfen und Anregungen vor Augen führen.

In jedem Leiden einen Sinn sehen zu wollen, ist schwer, um nicht zu sagen: vermessen. Ich will an einen Sinn glauben, aber ich kann ihn nicht immer begreifen. Ich nehme an, daß es einen Sinn gibt, aber ich kann das nicht so einfach beweisen. Oft meine ich, den Sinn erkennen zu können, oft bleibt er mir völlig verschlossen. Manchmal erkennt ein Mensch den Sinn auf Anhieb, manchmal erst viele Jahre später. Manchmal bleibt ihm der Sinn seines Leidens ganz verborgen.

Meinem Kollegen wurde die einzige Tochter durch eine unheilbare Krankheit genommen. Das Mädchen litt an Krebs, und langsam, für alle sichtbar, ging der schreckliche Zerfallsprozeß vor sich. Mein Kollege bestreitet jeden Sinn der schrecklichen Krankheit und des irrsinnigen Leidens. Er hält — verständlicherweise — dieses unvorstellbare Dahinsiechen

für sinn-los,
für sinn-widrig,
für bedrückend und erdrückend.

Er kann nur resigniert und ohnmächtig diesen unbegreiflichen, scheinbar widersinnigen Schicksalsschlag über sich ergehen lassen. Das ist die eine Seite.

Wie Leid einen Menschen umkrempeln kann, habe ich in den vergangenen Monaten erlebt, und zwar bei meinem Freund, der mit einem schweren Herzinfarkt auf der Intensivstation eingeliefert wurde. Die Ärzte sehen es als ein Wunder an, daß er durchgekommen ist. Ich habe es erlebt, wie das Denken, Fühlen, Wollen und wie der Glaube eines Menschen plötzlich verändert werden. Mein Freund hatte ernstlich mit dem Leben abgeschlossen. Er fühlte sein Herz buchstäblich zerrissen, und damit sein ganzes Leben. Und jetzt erlebt er — so Gott will —, daß ihm ein neues Leben geschenkt wird, ein zweites Leben, ein Neubeginn. Dieser Tag X, dieser körperliche Zusammenbruch, hat der Vergangenheit, der Gegenwart und der Zukunft ein neues Gesicht gegeben. Mein Freund ist eine beispielhafte Predigt für mich. Ich wollte ihn trösten, er tröstete mich. Da waren keine hohlen, frommen Sprüche. Da gab es keine falschen Töne. Hier sprach ein Mensch, der im Angesicht des Todes, im Angesicht des schwersten Leides dem lebendigen Gott neu begegnete. Die

Psalmen, neutestamentliche Worte und Gesangbuchverse, die er zitiert: er liest alles plötzlich mit anderen Augen. Für meinen Freund hat der Herzinfarkt einen Sinn. ,,Gott hat mich auf den Rücken gelegt, auf dem ich in den letzten 20 Jahren kaum eine Stunde liegen konnte, und jetzt liege ich schon 380 Stunden nur auf dem Rücken und bin glücklich'', hat er mir eines Tages gesagt.

Not lehrt fluchen, Not lehrt beten. Beide Erfahrungen kennzeichnen unser Leben. Schweres, unbegreifliches Leid kann Verzweiflung und Sinnlosigkeit produzieren. Schweres Leid kann das Denken, Fühlen und Verhalten eines Menschen von Grund auf revolutionieren.

Leid und Belastungen können nicht nur deprimieren, sie können einen Menschen auch stärken. Sie können ihm Kräfte verleihen, mit neuem Leid und Rückschlägen fertig zu werden.

In einem Fotobildband erschien vor Jahren ein Bild, das ein stark verschneites Tannenbäumchen darstellte. Die dichten Nadeln hatten allen Schnee aufgefangen. Die Zweige hingen tief gebeugt. Unter dem Foto stand ein Zwiegespräch, das der Schnee mit dem Bäumchen führte.

,,Ich'', sagte der Schnee, ,,bin eine Last, die dich zu Boden drücken wird.''

,,Nein'', entgegnete das Bäumchen, ,,die Sonne wird kommen und dich zum Schmelzen bringen. Deine Wasser wässern meine Wurzeln, am Schnee wachse ich.''

Jawohl, am Leiden kann man wachsen. Belastungen machen belastbar. Es gibt eine asiatische Weisheit: ,,Je tiefer der Bambus durch Sturm und Wetter gepeitscht und heruntergedrückt wird, desto fester und härter wird sein Holz, desto stärker werden seine Knoten.''

Macht Leid gescheit?

In Wissenschaft und Forschung wird alles unter die Lupe genommen. Auch Leiden und Schmerzen werden erforscht und Wirkungen und Nebenwirkungen bei Mensch und Tier beobachtet. Unter der Überschrift „Macht Leid gescheit?" fand ich einen interessanten Beitrag in einer psychologischen Monatszeitschrift. Der Verfasser schreibt:

„Zumindest bei der Ratte scheint der unbarmherzige Pädagoge (nämlich Leid als der große Lehrer der Menschen) tatsächlich wie »Düngemittel« für das »Grips«-Wachstum zu wirken."

Amerikanische Anatomen verabreichten neugeborenen Rattenbabys mehrere Wochen lang das Anti-Opiat „Naltrexon", das im Gehirn der kleinen Nager den schmerzlindernden Einfluß der körpereigenen Morphine (Endorphine) lahmlegte. Nach Abschluß dieser gnadenlosen Tortur wiesen die Ratten mit der sabotierten Schmerzabwehr einen voluminösen „Denkapparat" und mehr Nervenzellen als ihre unbehandelten Artgenossen auf. Der „somatosensorische Kortex", also der Körperfühlbereich der Hirnrinde, war rund 20 Prozent angeschwollen, das Kleinhirn, in dem unter anderem unsere Bewegungsabläufe integriert werden, gar um 41 Prozent, wobei die Zahl der grauen Zellen um etwa ein Drittel erhöht war. Auch in der Verhaltensreifung und der Körperbeherrschung waren die gepeinigten Nager ihren Altersgenossen klar überlegen. Dieser schmerzhaften Geistbildung, meinen die Forscher, entspricht auch das umgekehrte Phänomen: Versuchstiere erleben massive Entwicklungsrückstände, wenn man sie zu Beginn ihres Lebens zusätzlichen Opiat-Dosen aussetzt. Schmerzen rufen also Gegenreaktionen im Organismus hervor. Der Denkapparat wird extrem mobilisiert. Die Ruhe wird in kreative Unruhe versetzt. Die Geisteskräfte nehmen zu. Das Lebewesen wächst über sich hinaus. Auf diesem Hintergrund ist der Dichter Novalis zu verstehen, der dem Schmerz als „Andenken unserer hohen Bestimmung" einen hohen Rang einräumte.

Leid hat sein Gutes

Gott hat nach dem Sündenfall über den Menschen den Fluch von Leid und Schmerz ausgesprochen. Gott hat bewußt so gehandelt. Darum ist Er auch der Herr über Leiden und Schmerzen. Unmißverständlich zeigt das Buch Hiob aber, daß Leiden dem Menschen von Gott nicht immer als Strafe für Ungehorsam und Sünde zugedacht wurden. Leiden dienen einem göttlichen Ziel, von dem wir auf Erden nur selten eine Ahnung haben.

Wie rätselhaft Gottes Wege mit uns Menschen sind, schildert eine schlichte chinesische Parabel, die von einem Bauern handelt, der sich recht und schlecht durchs Leben schlug. Dieser Mann hatte nur einen Sohn, der ihm half, und nur ein Pferd, das ihm zum Pflügen zur Verfügung stand. Eines Tages lief ihm das Pferd davon. Alle Nachbarn kamen und bedauerten den Bauern ob seines Unglücks und Leides, das ihm widerfahren war. Der Bauer blieb ruhig und sagte: ,,Woher wißt ihr, daß es Unglück ist?" In der nächsten Woche kam das Pferd zurück und brachte zehn Wildpferde mit. Die Nachbarn kamen wieder und gratulierten ihm zu seinem Glück. Auch diesmal blieb der Bauer ruhig und sagte: ,,Woher wißt ihr, daß es Glück ist?" Eine Woche später ritt der Sohn auf einem der Wildpferde und brach sich ein Bein. Nun hatte der Bauer keinen Sohn mehr, der ihm helfen konnte. Die Nachbarn kamen und bedauerten sein Leiden, das ihn ereilt hatte. Wieder blieb der Bauer ruhig und sagte: ,,Woher wißt ihr, daß es Leid ist?" In der folgenden Woche brach Krieg aus, und Soldaten kamen ins Tal, um junge Männer mitzunehmen. Nur der Bauernsohn durfte daheimbleiben, weil er sich ein Bein gebrochen hatte.

In der Tat, es gibt nichts, das nicht auch sein Gutes hätte. Unser Gleichnis läßt Gottes geheimnisvolles Führen ahnen. Gott schaut weiter und sieht mehr Zusammenhänge, als Menschen ahnen können.

Was können wir tun?
Wie können wir dem Leiden begegnen?

Wie können wir mit dem Leiden und dem Leidenden besser umgehen?

Ich möchte als Seelsorger und als Christ einige Überlegungen weitergeben und als konkrete Schritte formulieren:

1. SCHRITT
Wir nehmen Leiden als Reifungshilfen an

Krisen, Leiden und Leidensdruck müssen keine Sackgassen sein, wie viele Menschen meinen. ,,Aus sechs Trübsalen wird Er dich erretten und in der siebenten wird dich kein Übel rühren'', heißt es im Alten Testament (Hiob 5, 19). Auch Christen bleiben von Nöten, Krankheiten und Herzeleid nicht verschont, denn der Glaube ist keine Versicherung gegen böse Tage. Aber etwas Entscheidendes sagt die Bibel aus: Der Christ kommt in den Widerwärtigkeiten nicht um.

Trübsal gehört zum Christsein, aber die Errettung ebenso;
Leiden gehört zum Leben, aber Gottes Hilfe genauso;
dunkle Stunden begleiten unseren Weg,
aber die Sonnenstrahlen auch.

Hinter den dicksten Wolken scheint immer auch die Sonne.
Leiden beinhalten für viele Menschen Katastrophen,
Krisen beinhalten für viele Menschen Sackgassen,
schwere Trübsale beinhalten
für viele Menschen Hoffnungslosigkeit.

Sie verlieren den Mut,
sie verlieren die Hoffnung,
sie verlieren den Glauben an sich.

Aber die Erfahrung zeigt, daß viele geläutert und gestärkt aus dem Leiden hervorgehen. Therapie und Seelsorge bezeugen es:

— Krisen und Leiden sind Lebenshilfen,
— Krisen und Leiden sind Reifungshilfen,
— Krisen und Leiden sind Wachstumshilfen,
— Krisen und Leiden sind Herausforderungen Gottes.

In der Tat erkennen wir oft erst viel später rückblickend die Wahrheit jener Worte.

Eine asiatische Volksweisheit beschreibt den Sinn des Leidens so: ,,Leid ist das schnellste Pferd, das zur Vollkommenheit führt.''

2. SCHRITT
Wir wollen Leiden nicht durch Befürchtungen aufbauschen

Unsere Befürchtungen können Leiden unerträglich machen. Durch unsere subjektiven Vorstellungen kann eine kleine Last zu einem riesigen Sorgenberg anwachsen. Nicht die Leiden selbst rufen einen katastrophalen Katzenjammer hervor, sondern meine persönliche Einstellung dazu. Wer zutiefst glaubt, die Probleme werden ihn erdrücken, der wird sich schließlich erdrückt fühlen;
wer fest davon überzeugt ist, daß die Not nicht auszuhalten ist, wird sie auch nicht aushalten können;
wer unumstößlich der Meinung ist, die Leiden werden ihn umwerfen, wird sich am Ende umgeworfen fühlen.

Tatsache ist: Wir verhalten uns entsprechend unseren Vorstellungen. Wir leben, was wir fest glauben. Mein Leid ist das, wozu

— meine Ängste,
— meine Vorurteile,
— meine Deutungen es machen.

Der amerikanische Psychotherapeut und Eheberater Albert Ellis hat sich eingehend mit irrtümlichen Lebensauffassungen des Menschen beschäftigt und etliche brauchbare dagegengestellt. Eine davon lautet: ,,Sehen Sie ein, daß eigentlich alle Ihre Sorgen und Leiden nicht durch äußere Gefahren, die vorkommen können, sondern dadurch entstehen, daß Sie sich selbst einreden: »Wäre es nicht furchtbar, wenn diese Gefahr einträte?« Anstatt sich über irgend etwas ständig zu sorgen, sollten Sie sich dazu zwingen, Ihre Katastrophen erzeugenden Sätze zu untersuchen und sie in eine realistische Auffassung ändern: »Es wäre eine empfindliche Plage oder eine schlechte Sache, wenn diese Gefahr aufträte. Aber es wäre *nicht* furchtbar, es wäre *keine* Katastrophe, und ich könnte damit fertig werden.« ''

Sicher hat Ellis darin recht: Viele Leiden werden von uns aufgebauscht. Dahinter steckt die klare psychologische Erkenntnis: Nicht die Tatsachen bestimmen unser Leben, sondern unsere *Meinung* von den Tatsachen. Wer ein Riesenleiden sieht, deutet es als riesengroß. Dennoch — die psychologische Hilfe kommt bald an ihre Grenze. Christen haben die Chance, ihre Probleme, Sorgen und Leiden auf Christus abzuladen. Christus ist — ohne Übertreibung — der Schuttabladeplatz der Welt. Wer allerdings alles selbst meistern will und muß, braucht keinen Erlöser. Wer nicht abladen will, behält einen Klotz am Bein. Und jeder weiß: Sorgen drücken, Sorgen und Leiden machen krank. Wir können es in der Tat einfacher haben. Wir verlassen uns auf den lebendigen Gott und nicht auf unsere Befürchtungen.

3. SCHRITT
Wir lernen, daß Wunden Wunden heilen

Professor Helmuth Thielicke schreibt über eine Zeit der Krankheit, die er durchstehen mußte:

,,Da ich dazu verurteilt war, viele Monate meines Lebens als

Schwerkranker und in manchmal hoffnungslosem Zustand Klinikzimmer zu bewohnen, habe ich eine merkwürdige Erfahrung gemacht. Manche wohlmeinenden Freunde brachten mir allerhand Schmunzelbücher, mich auf andere Gedanken zu bringen. Ich mochte das aber gar nicht. Ich griff lieber zu Büchern, die vom Leiden anderer Menschen und von der Art sprechen, wie sie damit fertig wurden: Außer dem Psalter und dem Hiobbuch konnten dazu etwa Dostojewskis »Brüder Karamasow« oder Graf Lehndorffs »Ostpreußisches Tagebuch« gehören. Ertappte mich ein Besucher bei dieser Lektüre, konnte er manchmal entsetzt sein, daß ich in meinem Zustand noch etwas so Schwermütiges läse. Aber es half mir und gewährte Trost. Ich brauchte sozusagen eine »homöopathische« Therapie, die das eigene Leid durch den Anblick fremden, ähnlichen Leides milderte und das Wort des Passionsliedes bestätigte: »Wunden müssen Wunden heilen.« ''

Der Leidende will nicht abgelenkt und zerstreut werden. Er will nicht das Leichte und Oberflächliche. Leiden anderer sollen ihn in Anspruch nehmen. Seine eigenen Leiden werden dann kleiner. Hier bewahrheitet sich das Sprichwort: ,,Geteiltes Leid ist halbes Leid.'' Deutlich wird:

Leiden bedrücken nicht nur,
Leiden lassen den Menschen reifen,
Leiden bringen Tiefen in unser Leben,
Leiden machen mit-leidig. Im besten Sinne des Wortes.

4. SCHRITT
Wer mitleidet, verringert sein eigenes Leid

Wer mit-leidet,

konzentriert sich nicht auf eigene Probleme,
nimmt teil an fremdem Leid,
bewahrt den anderen vor Einsamkeit,
trägt aktiv Sorgen und Kummer mit.

Ich greife das Sprichwort noch einmal auf und ergänze: „Geteiltes Leid ist halbes Leid, geteilte Freude ist doppelte Freude."

Malcolm Muggeridge, der Chefredakteur und Herausgeber der satirischen Zeitschrift „Punch" hat bei einem Besuch in Kalkutta, wo er Mutter Theresa begegnete, zum christlichen Glauben gefunden. Er schrieb beim Weggang aus Kalkutta: „Als ich wegging, war es mir, als ließe ich alle Schönheit und alle Freuden dieser Welt hinter mir. Und dabei war es ein Schauplatz der Trostlosigkeit, ein Schauplatz des Sterbens. Doch über der Trostlosigkeit, über der Resignation der Sterbenden leuchtet Hoffnung."

Mutter Theresa beginnt jeden Tag mit der Kommunion. „Hier in den Slums, in dem zerstörten Leib Christi, in den Kindern sehen wir Christus und berühren Ihn", schreibt Muggeridge.

Das ist Hoffnung contra Resignation,
das ist Leben contra Tod,
das ist Sinnerfüllung contra Verzweiflung,
das ist Trost contra Furcht.

Wer diese Hoffnung — wie Mutter Theresa — lebt, wer sie weitergibt, wer gegen die Verzweiflung das Banner der Hoffnung aufrichtet, vergißt sein Leiden. Wer zu anderen geht und mitleidet, verringert sein eigenes Leid. Im Anblick der Sterbenden schmelzen die eigenen Leiden auf ein Minimum zusammen.

5. SCHRITT
Loslassen, um zu empfangen

Ein Mensch, der loslassen kann, ist glücklich zu preisen. Loslassen beinhaltet Hingabe und Freigabe. Wer nicht loslassen kann, leidet. Krampfhaft hält er an etwas fest, das ihm Schmerzen bereitet.

Ich habe einmal eine höchst interessante Geschichte darüber gelesen, wie in Indien Affen eingefangen werden. Die Häscher stellen überall große Krüge auf, die mit Nüssen und anderen Leckereien gefüllt sind. Allerdings sind die Hälse der Krüge so eng, daß nur die offenen Hände der Affen hindurchkönnen. In dem Augenblick, wo die Tiere ihre Arme in die Krüge gesteckt haben, tauchen Fallensteller auf. Die Tiere wollen auf ihre Beute nicht verzichten und versuchen schreiend, die Hände mit den Leckereien herauszuziehen. Aber die Fäuste gehen durch den schmalen Schlund nicht hindurch. Die Affen sind jedoch nicht bereit, die Krüge loszulassen und ziehen die schwere Beute hinter sich her. Weil sie nur mühsam von der Stelle kommen, werden sie schließlich von den Fängern eingeholt und gefangen. Den Affen hat ihre Habgier einen Streich gespielt. Weil sie nicht verzichten wollen, sind sie eine leichte Beute der Häscher geworden. Die gierigen Affen sind ein Gleichnis für den Menschen, der nicht loslassen kann. Wer krampfhaft am Leben festhält, der wird es verlieren, wer nicht verzichten kann, muß leiden. Welche Dinge mögen es sein, die uns von Leid befreien, wenn wir sie loslassen? Ich denke

— an Hochmut,
— an das Gefühl der Unersetzlichkeit,
— an Erfolg und Besitz,
— an schlechte Angewohnheiten,
— an unsoziales Verhalten,
— an Eifersucht und Neid,
— an Intoleranz.

Wer loslassen kann, erspart sich Leid,
wer abgeben kann, wird frei,
wer hinter sich lassen kann, wird bereichert.

Es stimmt: Wer Bleibendes sucht und Geringeres losläßt, erspart sich Leid und wird beschenkt. Wer alles loslassen kann und rückhaltlos an dem lebendigen Gott festhält, wird beschenkt. Er schaut auf das Zukünftige und Bleibende und nicht auf das Vergängliche.

6. SCHRITT
Dennoch bleibe ich stets an Dir

Wenn aber das Leiden unerträglich wird?
Wenn die Grenzen der Geduld erreicht sind?

Von Nietzsche stammt das beherzigenswerte Wort: ,,Wer ein Warum zu leben hat, erträgt euch jedes Wie." Mir fehlen die Patentantworten auf alle Warum-Fragen.

Warum muß ich Schmerzen erdulden?
Warum habe ich im Leben immer Pech?
Warum spielt mir das Leben so übel mit?
Warum verliere ich das Liebste, was ich habe?
Warum bedrücken mich Hoffnungslosigkeit und Verzweiflung?

Ich vertraue dem Geber aller Gaben. Wer sich gehalten weiß, wer Geburt und Tod, Jugend und Alter, Krankheit und Gesundheit aus Gottes Hand nimmt, verzweifelt nicht an sogenannten ,,Schicksalsschlägen". Allen Schmerzen und Belastungen, die ich nicht verstehen kann, begegne ich mit dem Dennoch des Glaubens. Es handelt sich nicht um ein resigniertes Aufbäumen, sondern um das Vertrauen, daß *alles* an dem lebendigen Gott vorbeimuß. ,,Dennoch bleibe ich stets an Dir" (Psalm 73, 23). Ich verstehe den Sinn nicht, aber ich vertraue dem, der ihn weiß. Ich zwinge mich nicht mit einem gewaltsamen Willensakt in Gottes Arme, sondern lasse mich gelassen führen, weil Gottes Wege mit mir nie in der Sackgasse enden. Das ,,Dennoch des Glaubens" hält mich an Seiner Seite. Ich gebe nicht auf, aber gebe mich Ihm hin. Das Leid ist nicht ausgewischt, aber ich kann es tragen.

7. SCHRITT
Wir rechnen mit Seinem Trost

Der flämische Ordenspriester und Telefonseelsorger Phil Bosmans schreibt über den Trost:

,,Ohne Trost kannst du nicht leben. Trost ist aber nicht Alkohol, Schlafmittel, Spritze, die dich vorübergehend betäuben und dich dann hineinstürzen in eine noch schwärzere Nacht. Trost ist keine Flut von Worten. Trost ist wie eine lindernde Salbe auf eine schmerzende Wunde. Trost ist wie eine unverhoffte Oase in einer unbarmherzigen Wüste — du kannst wieder an das Leben glauben.''

Ich habe im Wörterbuch nachgeschlagen. Da steht: ,,Trost hat eine doppelte Bedeutung gewonnen: Empfindung der Festigkeit, Vertrauen, Zuversicht, Hoffnung — Gewährung von Festigkeit, Hilfe, Schutz, Rettung. Stets handelt es sich um eine seelische Stärkung.''

Für den Christen ist Gott der Trost, nicht eine Vertröstung. Der lebendige Gott tröstet uns wie eine Mutter. Er ist mehr als ein Trostpflästerchen, mehr als ein Trösterchen.

Er *ist* der Trost,
Er *ist* unsere Zuversicht,
Er *ist* unsere Hilfe,
Er *ist* unsere Hoffnung.

Wer in Zukunft Schweres und Schreckliches erlebt, soll wissen, daß er dies auch für andere erlebt. So sinnlos das Leid sein mag, es hat seinen Sinn darin, daß es anderen Menschen Nutzen bringen kann. Der Leidgeprüfte kann Leidende trösten durch den Trost, den er selbst von Gott erfahren hat (vgl. 2. Korinther 1, 4). Der schwer Depressive, der unter seinen Depressionen hoffnungslos verzweifelt am Boden lag, ist ein ausgezeichneter Tröster für andere. Er hat ein Stück Finsternis durchlitten. Er hat ein Stück Hölle kennengelernt. Er weiß um die quälende

Verlorenheit. Aber er weiß auch um den Trost, den er in der tiefsten Tiefe erfahren hat. Der Alkoholiker, der frei wurde, der vom Leiden der Sucht erlöst wurde, ist oft ein guter Begleiter und ein Trost für Leidende und Abhängige. Seine Leidenserfahrungen sind Trost und Hilfe für Leidgeprüfte.

,,Selig sind, die das Leid tragen, denn sie sollen getröstet werden'' (Matthäus 5, 5).

Diese Seligpreisung läuft unserer menschlichen und natürlichen Auffassung völlig entgegen. Wir glauben: Selig sind,

die da Freunde haben,
die lachen und scherzen,
die sich leichten Herzens amüsieren können,
die Erfolg haben.

Jesus preist die Menschen selig,

— die kein Glück haben,
— die am Rande leben,
— die Leid tragen,
— die am Boden liegen.

Diese Seligpreisungen sind keine allgemeinen Lebensweisheiten, sondern Verkündigung des Heils. Sie sind eine Grundsatzerklärung für Seine Nachfolger. Die Seligpreisungen gehören zur Regierungserklärung Jesu. Jesus sieht das maßlose Leid der Welt. Jesus geht zu den Leidenden in allen Kontinenten. Jesus kommt zu den trauernden Müttern, zu den weinenden Kindern, zu den Hungernden, zu den Aussätzigen, zu den Gefangenen. Jesus Christus ist den Leidenden besonders nahe. Das ist eine Verheißung, wie wir ausprobieren können. Die Leidenden werden Seinen Trost besonders spüren. Als mein Freund im Krankenhaus darniederlag, sagte er mir: ,,Ich habe vom christlichen Glauben und der Gotteserkenntnis in diesen Tagen mehr begriffen als in jahrelangem Studium der Theologie. Ich spüre Seine Nähe leibhaftig, wie ich sie nie im Leben gespürt habe.''

Ich kann eine solche Erfahrung nur weitergeben. Wer seine Hand ausstreckt, wird sie nicht ins Leere strecken.

Trotz aller Leidensbekämpfung gibt es in dieser Welt keine Aufhebung der Leidenszustände. Und zwar so lange, wie die Welt besteht. Es gibt nur eine Leiden*überwindung,* die aus dem Glauben erwachsen kann. Wie sie sich darstellt, beschreibt Paulus in den Sätzen: ,,Wir haben allenthalben Trübsal, aber wir ängstigen uns nicht; uns ist bange, aber wir verzagen nicht; wir leiden Verfolgung, aber wir werden nicht verlassen; wir werden unterdrückt, aber wir kommen nicht um und tragen allezeit das Sterben des Herrn Jesus an unserem Leibe, auf daß auch das Leben unseres Herrn Jesus an unserem Leibe offenbar werde'' (2. Korinther 4, 7—11).

Leidensüberwindung heißt, mitten im Leben einen neuen Standort gewinnen;
Leidensüberwindung heißt für den Glaubenden, daß uns alles zum Besten, zum Guten dienen muß;
Leidensüberwindung heißt, wir werden nicht verlassen. Er ist unser lebendiger Trost.

IV.

Die Frage nach Schuld und Schuldgefühlen

Das Thema Schuld gehört zum menschlichen Leben unlösbar dazu. Die Schuldfrage ist ein Grundphänomen des Menschen. Menschliches Leben ist ohne Schuld nicht denkbar, denn wo Menschen zusammenleben, werden sie aneinander schuldig.

In allen Religionen,
im Humanismus,
im Atheismus,
im Kommunismus

arbeiten die Instanzen mit Anklage, Schuld, Schuldnachweis, Strafe und Rechtfertigung. Ständig wird im Leben die Frage nach der Schuld gestellt.

Vor *Gericht,* wenn Straftaten untersucht werden,
in der *Politik,* wenn politische Entscheidungen
analysiert werden,
in der *Familie,* wenn Kinder mißraten,
im *Zusammenleben der Völker,* wenn Kriege ausbrechen.

Und man fragt:

,,Wer ist schuld an diesem Krieg?''
,,Wer ist schuld an dem Flugzeugabsturz?''
,,Wer ist schuld an der Arbeitslosigkeit?''
,,Wer ist schuld an der Umweltverschmutzung?''
,,Wer ist schuld an der Verwahrlosung des Kindes?''

Wir können die Schuldfrage mit keinen Mitteln zum Verschwinden bringen, darum fragen wir zunächst:

Was verstehen wir unter dem Begriff Schuld?

Wenn Sie von Ihrer Bank die Bankauszüge bekommen, wandern Ihre Augen ständig über zwei Spalten ,,Soll'' und ,,Haben''.
,,Soll'' ist der Ausdruck, der wortgeschichtlich mit ,,Schuld'' zusammenhängt.

Mein Soll ist meine Schuld,
mein Soll ist das, was ich schuldig bin,
mein Soll ist das, was ich schuldig geblieben bin.

Darum kennzeichnet die Schuld das,

— was ich *tun sollte,*
— was ich *getan haben sollte,*
— was ich *nachholen sollte.*

Schuld beinhaltet das,

— was ich den anderen,
— was ich der Welt,
— was ich Gott,
— was ich mir selbst schuldig geblieben bin.

68

Aus dem Gesagten ergeben sich vier Bedeutungen der Schuld:

1. Schuld ist das, was man tun soll. Wir sagen:
   ,,Das ist seine Pflicht und Schuldigkeit.''
   ,,Er hat sein Soll zu erfüllen.''

2. Schuld als Bezeichnung für eine geforderte Geldleistung oder
   eine ähnliche Verpflichtung. Wir sprechen von:
   — Dankesschuld. ,,Ich schulde ihm Dank!''
   — Briefschuld. ,,Ich schulde ihm einen Brief.''
   — Besuchsschuld. ,,Ich bin ihm einen Besuch schuldig.''

3. Schuld als Bezeichnung für begangenes Unrecht.
   Ich bin vor dem Gesetz schuldig geworden. Beispielsweise
   habe ich falsch geparkt. Ich habe das Finanzamt betrogen.
   Ich habe gelogen.
   Ich habe betrogen.
   Ich habe Unrecht getan.
   Ich habe Schuld auf mich geladen.
   Vor dem Gesetz, vor den Geboten Gottes, vor den Verein-
   barungen der Gesellschaft bin ich schuldig geworden.

4. Wertneutral wird Schuld im Sinne der Verursachung verwen-
   det.
   — Ein Materialfehler trug die Schuld an dem Unfall;
   — das schlechte Wetter war schuld, daß der Ausflug ausfiel;
   — eine Dürrekatastrophe war schuld, daß Tausende von
   Menschen verhungerten.

Schuld ist Ausdruck einer gestörten Beziehung

Warum?
  In der Mehrheit der Fälle haben Schuld und Schuldgefühle
mit Beziehungsstörungen zu tun. Immer sind die anderen betroffen. Denn der Mensch hat immer eine Beziehung

— zu sich selbst,
— zu anderen,
— zur Umwelt,
— zu Gott.

Schuld ist also eine Beziehungsstörung. Sie wird erlebt als Schuld

— in Form von Lieblosigkeit,
— in Form von Eigennutz,
— in Form von Rücksichtslosigkeit,
— in Form von Ungeduld,
— in Form von Hartherzigkeit,
— in Form von Lügen,
— in Form von Betrug (Ehebruch),
— in Form von Verschlossenheit,
— in Form von Schweigen,
— in Form von Rache.

Diese Dinge können andere Menschen betreffen, sie können Gott betreffen, und sie können auch beide Seiten betreffen.

Schuld — biblisch gesehen

Nach biblischer Auffassung ist die Wurzel der Schuld die Sünde, nicht die einzelnen Sünden. Sünde beinhaltet:

— Die Beziehung des Menschen zu Gott ist gestört,
— der Mensch lebt in Auflehnung und Rebellion gegen Gott,
— der Mensch steht selbstüberheblich und eigenmächtig gegen den Schöpfer,
— der Mensch hat sich vom lebendigen Gott abgesondert.

Aus dieser Ursünde und Urschuld erwachsen alle weiteren Sünden und Schulden. Nicht die böse Tat ist in erster Linie die

Sünde, nicht die Untat ist in erster Linie Schuld, sondern der Täter, der Mensch, der sich selbstherrlich vom Schöpfer abgesondert hat. Das Wort Sünde kommt aus der Kriegssprache und bedeutet genaugenommen *Zielverfehlung*.

Der Soldat, der sein Ziel verfehlte, der ,,eine Fahrkarte schoß'', der am Ziel vorbeitraf, beging Sünde. Daß der Mensch sein Ziel, nämlich Gott, verfehlt, ist seine eigentliche Sünde. Das Sein des Menschen ist darum Trennung von Gott.

Schuld und Schuldgefühle erfahren wir über das Gewissen

Das Gewissen ist die ,,innere Stimme'', die uns sagt, was gut und böse ist. Jedoch ist diese Stimme kein Organ, das wir bei unserer Geburt fix und fertig als ethisches Rufinstrument in die Wiege gelegt bekommen. Das Gewissen ist

— beeinflußbar,
— lehrbar,
— verführbar,
— erziehbar,
— korrigierbar.

Das Gewissen ist wie ein ,,herrenloser Hund'', wie Luther gesagt hat, der jedem nachläuft, der ihn ruft. Dieses Gewissen braucht dringend einen Herrn, dem es gehorcht. Denn ein herrenloses Gewissen ist wie ein herrenloser Hund.

Das Gewissen ist wie eine Matrize, die am Anfang unseres Lebens unbeschrieben ist. Und jetzt schreiben alle möglichen Leute darauf:

— die Eltern in erster Linie,
— die Großeltern,
— die Geschwister,

— die Erzieher im Kindergarten,
— die Lehrer in der Schule,
— Verantwortliche in der Kirche.

Gute Gedanken und böse Gedanken werden eingeritzt. Positive Werte und negative Werte werden eingraviert. Gebote und Verbote, Moralisches und Unmoralisches finden ihren Niederschlag auf der Matrize, also im Gewissen.

Die Erziehung kann ein Gewissen entstehen lassen, das entweder wie eine *Viehwaage* oder wie eine *Briefwaage* reagiert. Das Gewissen des einen ist darum sensibel, während ein anderer krankhaft und neurotisch reagiert. Eltern, Lehrer und Erzieher können ein übertriebenes Über-Ich erziehen — wie Freud gesagt hat —, sie können das Gewissen zu einem Tyrannen werden lassen. Das Gewissen wird dann zur ständigen personifizierten Anklage.

Mit Schuldgefühlen kann ich unbewußte Ziele verfolgen

Wir benutzen, meist unbewußt, bestimmte Symptome, um damit etwas zu erreichen. So setzen wir Angst, Jähzorn, Charme und Aggression ein,

— um in der Ehe,
— um in der Familie
— und im Umgang mit anderen Menschen

etwas zu bezwecken. Auch Schuldgefühle können genauso benutzt und zielgerichtet eingesetzt werden.

Ich nenne einige Beispiele:

Der Mensch benutzt unverstandene Schuldgefühle,

— um sauberer und gewissenhafter als andere zu sein.
Mit starken Schuldgefühlen zeigt er seine Überlegenheit, zeigt er seine größere Gewissenhaftigkeit;

— um moralischer als andere Partner zu sein.
Seine Schuldgefühle drücken eine größere moralische Qualität aus, sie spiegeln eine stärkere innere Sauberkeit wider. Ungewollt überhebt er sich über andere und wertet sie ab;
— um intensiver und ernster zu glauben.
Mit Schuldgefühlen wird die Umgebung erdrückt, ermahnt und dazu erzogen,
gründlicher zu glauben,
intensiver zu beten,
ernster zu leben,
um den Vorstellungen des Partners zu gehorchen;
— um Druck und Macht auszuüben.
Mit starken Schuldgefühlen kann die Umgebung erpreßt werden; mit starken Schuldgefühlen kann auf die Umgebung Druck ausgeübt werden; mit Schuldgefühlen, die sehr geistlich erscheinen, kann die Umgebung tyrannisiert werden;
— um sich vor der eigentlichen Verantwortung zu drücken.
Der Schüler bereut beispielsweise
vor den Eltern,
vor dem Lehrer,
vor den Vorgesetzten,
vor dem Richter
und versucht sie damit günstig zu stimmen. Die Menschen sind von dem Reuebekenntnis beeindruckt. Dabei wird das beeindruckende Reuebekenntnis benutzt, um vor Strafe, vor Verantwortung geschützt zu sein.

Deutlich wird: Nicht jedes Schuldbekenntnis ist ein Zeichen von Glauben. Schuldbekenntnisse können der ,,Lust zur Selbstbestrafung" entspringen, sie können Selbstquälerei und Masochismus beinhalten.

Krankhafte Schuldgefühle und ihre Folgen

Wie entstehen übertriebene Schuldgefühle?
Wie entwickeln sich dramatisierte Schuldgefühle?
Wie zeigen sich neurotische Schuldgefühle?
Wie werden die krankhaften Symptome produziert?

Jeder Mensch hat ein Gewissen, aber alle Menschen reagieren verschieden auf Gewissenskonflikte, auf Schuldgefühle und auf Schuldverstrickung.

Eltern, Erziehung, Glaube und Vorbild haben bei dem einen ein ängstliches und hochsensibles Gewissen entstehen lassen, beim anderen ein abgestumpftes und unempfindliches.

Der eine spürt bei einer schlechten Tat, bei einer Sünde, die er begangen hat, kaum ein Schuldgefühl, der andere bricht förmlich darunter zusammen.

Der eine verdrängt die Schuld, der andere hebt sie ins Licht, so daß aus einer „Mücke ein Elefant" wird, wie wir zu sagen pflegen.

Der eine bagatellisiert,
der andere dramatisiert.
Der eine reagiert gleichgültig,
der andere wird zum Skrupulanten.

Schuldgefühle und Angst gehören daher zusammen. Je größer und übertriebener die Schuldgefühle, desto stärker die Angst. Krankhafte Angstvorstellungen gehen oft mit krankhaften Schuldgefühlen Hand in Hand.

Ein Skrupulant ist also ein Mensch, der aus einem *scrupulos* (Steinchen) einen Felsbrocken, aus einer Winzigkeit einen Staatsakt macht. Der Skrupulant ist

*über*ängstlich,
*über*moralisch,
*über*sittlich.

Das Wort „über" kennzeichnet die Übertreibung. Er macht dem Seelsorger mit seinen Zweifeln, mit seinen Selbstvorwürfen und mit seinen übertriebenen Schuldgefühlen das Leben schwer. Der mit krankhaften Schuldgefühlen Belastete macht sich, den anderen und auch Gott das Leben schwer. Er ist unglücklich

— mit sich,
— mit den anderen
— mit der Welt,
— mit Gott.

Er beichtet einen Augenblick erleichtert, dann kommen neue Zweifel:

— „War ich auch echt in der Beichte?"
— „War der Seelsorger wirklich gläubig?"
— „Folge ich Jesus wirklich nach, wo ich doch wieder rückfällig geworden bin?"
— „Bin ich vielleicht verworfen?"

Der Mensch mit übertriebenen Schuldgefühlen verurteilt

— die Gleichgültigen
— die Oberflächlichen,
— die Leichtfertigen,
— die es sich im Glauben zu leicht machen.

Unbewußt wird er zum Pharisäer, denn

— er glaubt tiefer,
— seine Heiligung ist gründlicher,
— er bereut stärker,
— er nimmt Sünde und Schuld ernster.

Die Trennungslinien zwischen echtem, aufrichtigem Schuldeingeständnis und krankhaften, übersteigerten Schuldempfindun-

75

gen, zwischen überängstlicher, neurotischer Schuld und zwischen echter Schuld sind für viele Zuhörer und Seelsorger nicht leicht zu ziehen. Das subjektive Erleben ist ehrlich. Auch die krankhaften Schuldgefühle sind echt und nicht erfunden.

Die Abwehr realer Schuld
mit Hilfe der Abwehrmechanismen

Der Mensch muß lernen, dieses Spiel zu durchschauen. Die Psychologie spricht von Abwehrmechanismen (Psychoanalyse). Ein anderer Begriff beinhaltet Abwehrmethoden, die Alfred Adler in seiner Individualpsychologie nennt. Und eine dritte Richtung spricht von Behauptungsmethoden, wie Thomas Gordon formuliert.

Es handelt sich also um Verhaltensmuster, um eintrainierte Bewältigungsmethoden, mit dem Leben besser zurechtzukommen. Der Mensch benutzt diese Abwehreinrichtungen, um mit unangenehmen Dingen fertig zu werden, um mit sich in Frieden zu leben. Ich versuche, im Folgenden einige Abwehrmethoden oder Abwehrmechanismen näher zu charakterisieren:

1. Verdrängung, Verleugnung
Ein belastendes Ereignis, beispielsweise eine Abtreibung oder ein Ehebruch, Diebstahl, Verlassen des Partners, üble Nachrede, Lieblosigkeit, Vernachlässigung der Kinder und was es an Sünden und falschen Verhaltensweisen alles gibt, werden als reale Schuld erlebt. Um aber mit diesen Problemen fertig zu werden, geht der Mensch her und

— verdrängt sie,
— vergißt sie,
— verleugnet sie und
— somatisiert sie, d. h. die Probleme schlagen sich auf den Körper nieder.

Der Mensch läßt diese Probleme nicht zu, er will sie nicht wahrhaben und bringt sie in seinem Gedächtnis zum Verschwinden. Die Folgen können sein:

Depressionen und Zwangsmechanismen (Waschzwang).

Es können symbolische Körpersymptome eintreten wie die Lähmung der Hand, die die Abtreibung besorgt hat. Es kann eine Lähmung der Beine eintreten, die die Tat *begangen* haben. Schon in Psalm 32 heißt es:

,,Als ich's wollte verschweigen, da redeten meine Gebeine, meine Organe'' (Psalm 32, 3).

Fachlich sprechen wir dann vom ,,Organdialekt'', von der ,,Organsprache''. Der Organismus meldet sich mit seinen bedrückten Organen zu Wort.

2. Projektion, das Sündenbockdenken

Der Schuldige projiziert, das heißt, er schaut in einen anderen die Schuld hinein, um sie loszuwerden. Er übernimmt nicht selbst die Verantwortung, sondern schiebt sie ab. Er erklärt den anderen für schuldig:

— den Ehepartner, der ihn provoziert und mißachtet hat,
— die Eltern, die uns so prüde erzogen haben,
— die Gesellschaft, die bekanntlich an allem schuld ist.

Das macht Adam so, als er Eva zum Sündenbock stempelte. ,,Die Frau, die du mir gegeben hast'', entschuldigte sich Adam. ,,Die Schlange hat mich verführt'', rechtfertigte sich Eva. Jeder schiebt die Schuld auf andere. Dieses Verschiebespiel ist ein beliebtes menschliches Verhalten, um die Schuld abzuwälzen.

3. Rationalisierung, die Ausrede

Eine andere Methode ist die Rationalisierung, die Selbstrechtfertigung, die Entschuldigung für eigene Mängel, die Alibisuche.

77

Wiederum trägt der Schuldige keine Verantwortung, er belügt sich und redet sich heraus. Wir alle kennen den frechen Spruch: ,,Warum schlug der Teufel seine Großmutter? Weil sie keine Ausrede wußte!‘‘

Daher haben die Ausreden und das Sich-nicht-stellen-Wollen, das Sich-Rechtfertigen etwas Teuflisches an sich.

Beispiele:

,,Ich bin zu spät gekommen,
weil ich in einen Stau hineinkam.‘‘
,,Ich bin sitzengeblieben,
weil der Lehrer mich nicht leiden kann.‘‘
,,Ich habe die Arbeit daneben geschrieben,
weil ich so erkältet war.‘‘

Bei Rationalisierungen und Ausreden ertappen wir uns jeden Tag. Dies ist ebenfalls eine beliebte Methode, mit den Schuldgefühlen fertig zu werden.

4. Verkehrung ins Gegenteil

Schuld kann auch abgewehrt werden durch entgegengesetztes, besonders moralisches Verhalten. So war der bedeutende Psychoanalytiker Mitscherlich der Meinung, daß die Deutschen ihre Schuld nach dem Kriege durch besondere Tüchtigkeit, durch besondere Leistungen und besondere Sauberkeit zu übertönen versuchten. Die ,,Verkehrung ins Gegenteil‘‘ wird in der Psychologie als Abwehrmechanismus gekennzeichnet, mit dessen Hilfe es uns gelingt, Schuld abzuwehren.

Ein anderes Beispiel, das diese Methode kennzeichnet, ist die Mutter, die ihr Kind unbewußt haßt, aber mit doppelter Angst reagiert, dem Kind könnte etwas geschehen. Aus dem Haß gegen das Kind, den die Mutter nicht zulassen darf, werden sehr starke Ängste um das Kind.

5. Übertriebene Selbstbeschuldigung

Eine weitere Form der Schuldabwehr ist die überstarke Selbstbeschuldigung.

,,Ich bin an allem schuld.''
,,Ich trage allein die Verantwortung.''
,,Ich bin ein ganz verworfener Mensch.''

Übertriebene Selbstvorwürfe sollen die anderen veranlassen, zu entlasten und zu entschuldigen. Darum konnte Adler unmißverständlich sagen: ,,Schuldgefühle sind die guten Absichten, die wir nicht haben.''

Wir tun so, als wollten wir ehrlich etwas ändern. Wir bleiben in Schuldgefühlen stecken. Wir zeigen Bedauern, aber mehr nicht. Der Theologe und Analytiker Professor H. Harsch nennt das: ,,Alles verbale Placebos, die weder bei mir noch beim andern viel ändern.'' Mit den produzierten Schuldgefühlen erwecken wir Mitleid, treten aber auf der Stelle.

Wie werden wir mit der Schuld fertig?

Ich nenne einige Gedanken, die mir wichtig erscheinen:

1. SCHRITT
Wir tragen für unsere Schuld die persönliche Verantwortung

Wir werden beinahe täglich mit Meldungen konfrontiert, die etwa folgendermaßen lauten: ,,Der Straßenverkehr forderte in den Osterfeiertagen in der Bundesrepublik 48 Todesopfer.'' Oder: ,,Die Unruhen in Irland forderten wiederum 3 Todesopfer.''

Das sind beliebte Formulierungen, die die persönliche Schuld, die persönliche Verantwortung leugnen. ,,Unser Kind ist verhaltensgestört, die Schule, die Straße und die Medien haben das Kind verdorben.'' Nicht wir sind es gewesen, sondern der Straßenverkehr bzw. die anderen. Nicht wir sind es gewesen, sondern die Unruhen, die anderen. Nicht wir tragen die Verant-

79

wortung, sondern die Regierung. Nicht wir sind dafür zuständig, sondern Gott, der so ein Elend zuläßt in Afrika, in Latein-Amerika, in Indien.

Wir müssen unseren Kopf hinhalten. Wir müssen den Mut haben, für Fehler, für Unrecht, für Schaden, den wir angerichtet haben, den Kopf hinzuhalten. Selbstverständlich nur, soweit das möglich ist. In vielen Fällen können wir eine Sache nicht wieder gut machen, aber zu häufig und zu schnell ziehen wir unseren Kopf aus der verantwortlichen Schlinge.

2. SCHRITT
Wir müssen lernen, unser raffiniertes
Abwehrsystem zu durchschauen

Die Abwehrmethoden sind auch ein Zeichen von Unreife. Die Abwehrmethoden decken unsere kindlichen Züge auf. Ein reifer Mensch ist ein verantwortlicher Mensch.

Er muß sich nicht verstecken,
er muß sich nicht herausreden,
er muß sich nicht drücken,
er kann zu Fehlern und Schwächen Ja sagen.

Jeder hat bestimmte Lieblingsabwehrsysteme, die seinem Lebensstil entsprechen. Jeder hat seine Art, sich in der Welt zu behaupten. Jeder benutzt seine Selbstbehauptungsmethoden, um sich zu schützen, um sich nicht zu entblößen, um sich zu verstecken. Wenn wir nicht nachdenken und uns überprüfen, läuft dieses Abwehrsystem automatisch ab. Wir suchen einen Sündenbock, schieben die Schuld auf andere, verleugnen sie, verdrängen sie oder finden für uns plausible Ausreden. Auch das Gebet ist eine wunderbare Hilfe, diesen mehr unbewußten Abwehrtechniken auf die Spur zu kommen. Wir Menschen sind alle viel zu gerissen, um der persönlichen Verantwortung zu entfliehen.

Wir können übertreiben oder untertreiben, wir können bagatellisieren oder dramatisieren. Es ist oft hilfreich, zu zweit oder dritt im Namen Jesu diese Mechanismen zu untersuchen, um sich selbst auf die Schliche zu kommen.

3. SCHRITT
Der Umgang mit der krankhaft empfundenen Schuld

Machen wir uns noch einmal klar, krankhaft empfundene Schuld kann

— aus infantiler Angst,
— aus zwanghafter Gesetzlichkeit oder
— aus depressiver Stimmung heraus entstanden sein.

Drei Entstehungsmöglichkeiten sind hier genannt. Infantile Angst ist unrealistisch, kindlich übersteigert oder unangemessen. Die zwanghafte Gesetzlichkeit beruht oft auf übersteigerter, krankhafter Übergenauigkeit.

Da ist ein junger Mann homosexuell geworden, der die biblischen Worte überinterpretiert und falsch verstanden hat: ,,Wer eine Frau ansieht, sie zu begehren, hat Ehebruch begangen'' (Matthäus 5, 28). Er hat den Satz theologisch falsch gedeutet: ,,Wer eine Frau ansieht, hat Ehebruch begangen.'' Jeder interessierte Blick wird von ihm als Sünde und Schuld verstanden, und er erlebt übersteigerte Schuldgefühle. Der sexuelle Trieb — und der war in dem Fall die Folge — wendet sich plötzlich dem eigenen Geschlecht zu. Diese ,,unechten'' und neurotischen Schuldgefühle müssen theologisch und seelsorgerlich behandelt und therapeutisch abgebaut werden.

In der Regel hilft keine Beichte und Vergebung der Sünden. Das krankhafte Gewissen kann die Vergebung nicht fassen.

Ähnlich verhält es sich bei der depressiven Stimmung, die ja nach Schwere in der Regel alle normalen Schuldgefühle verstärkt und ängstlich überhöht. Auch hier sind geduldige und seelsorgerliche Begleitung und therapeutische Gespräche notwendig,

— um die falsche Selbsteinschätzung,
— um die unrealistische Selbstverurteilung,
— um die krankhafte Schuldüberbetonung und
— um die unverständliche Verzweiflung

abzubauen.

4. SCHRITT
Vergib uns unsere Schuld, wie wir vergeben unseren Schuldigern

Das zentrale Problem unserer Schuld ist unsere Stellung zu Gott und damit zu den Mitmenschen. Wir haben gesagt:

— Schuld hat immer auch mit Gott zu tun,
— Schuld ist Rebellion gegen Gott,
— Schuld ist Eigenmächtigkeit,
— Schuld ist Selbstherrlichkeit,
— Schuld ist, Gott einen guten Mann sein zu lassen,
— Schuld ist Abfall von Gott.

Wenn wir vor Gott für unsere Schuld einstehen, ist Er bereit, uns zu vergeben. Wir werden freigesprochen, und die Folge?

Wir können auch dem Nächsten vergeben,
wir können auch beim Partner barmherzig sein,
wir können auch bei den Kindern Gnade vor Recht walten lassen,
wir können unseren Mitmenschen vergeben.

Wir müssen uns nicht mehr rechtfertigen, weil Er uns gerechtfertigt hat. Gott läßt uns vor sich recht sein. Das heißt: Wir sind vor Ihm gerecht, wir sind vor Ihm recht, wir sind okay, wir sind in Ordnung.

Im Neuen Testament wird uns ein eindrückliches Gleichnis erzählt, wie Gott mit uns Menschen verfährt. In Matthäus 18, 23 ff. heißt es: Das Himmelreich, die Herrschaft Gottes, ist gleich einem König, der von seinen Dienern, von seinen Untergebenen Rechenschaft fordert. Als er nun mit der Rechtsprechung beginnt, steht ein Diener vor ihm, der ist ihm 10 000 Talente schuldig, das sind umgerechnet 600 Millionen DM. Eine unvorstellbar hohe Summe. Eine Summe, die jedes Fassungsvermögen übertrifft. Das gesamte Steueraufkommen in Galiläa und Peräa betrug im Jahre 4 n. Chr. nur 200 Talente, um einen Vergleich zu zeigen. Es handelt sich also um eine unbezahlbare Summe. Wörtlich heißt es im Text: ,,Weil er das Geld nicht aufbringen konnte, befahl der Herr, ihn mit Frau und Kindern und allem, was er besaß, zu verkaufen und so die Schuld zu begleichen. Da fiel der Diener vor ihm auf die Knie und bat: Hab' Geduld mit mir! Ich werde alles zurückzahlen. Der Herr hatte Mitleid mit dem Diener, ließ ihn gehen und schenkte ihm die Schuld. Als nun der Diener hinausging, traf er einen anderen Diener seines Herrn, der ihm 100 Denare (eine lächerlich kleine Summe) schuldig war. Er packte ihn, würgte ihn und rief: Bezahl', was du mir schuldig bist! Da fiel der andere vor ihm nieder und flehte: Hab' Geduld mit mir! Ich werde es dir zurückzahlen. Er aber wollte nicht, sondern ging weg und ließ ihn ins Gefängnis werfen, bis er die Schuld bezahlt habe. Als die übrigen Diener das sahen, waren sie sehr betrübt; sie gingen zu ihrem Herrn und berichteten ihm, was geschehen war. Da ließ ihn sein Herr rufen und sagte zu ihm: Du elender Diener! Deine ganze Schuld habe ich dir erlassen, weil du mich so angefleht hast. Hättest du nicht auch mit jenem, der gemeinsam mit dir in meinem Dienst steht, Erbarmen haben müssen, so wie ich mit dir Erbarmen hatte? Und in seinem Zorn übergab ihn der Herr den Folterknechten, bis er die ganze Schuld bezahlt habe. Ebenso wird mein himmlischer Vater jeden von euch behandeln, der seinem Bruder nicht von ganzem Herzen vergibt."

Darum ist Gott in die Welt gekommen,

— um den Bruch zwischen den Menschen zu heilen,
— um die Schuld am Kreuz zu sühnen,
— um die Schuldscheine, die wir bei ihm angesammelt haben, zu zerreißen,
— um die unauflösliche Schuldverstrickung zwischen den Menschen aufzulösen.

Wer ehrlich und aufrichtig Schuld bekennt, dem wird vergeben.

Wir alle leben von der Versöhnung,
wir alle leben von der Vergebung.

Ohne Vergebung und ohne Versöhnung wird das Zusammenleben der Menschen zur Qual. In Christus ist uns vergeben worden. Darum vergeben wir dem Nächsten, der an uns schuldig geworden ist. Wir praktizieren die Bitte im Vaterunser: ,,Vergib uns unsere Schuld, wie wir vergeben unseren Schuldigern."

V.

Die Frage nach dem Sinn des Lebens

Die Frage nach dem Sinn des Lebens ist nicht in erster Linie eine theoretische, eine intellektuelle Frage. Hier geht es nicht um ein Problem, das in philosophischen Zirkeln, weitab vom praktischen Leben, zerpflückt werden sollte. Die Frage nach dem Sinn des Lebens ist eine praktische, eine existentielle Frage.

Sinnlosigkeit verdirbt unser Leben

Die Frage nach dem Sinn des Lebens entscheidet über Glück und Unglück, über Zufriedenheit und Unzufriedenheit. Darum hat Albert Einstein recht, wenn er sagt: ,,Wer sein eigenes Leben als sinnlos empfindet, ist nicht nur unglücklich, sondern auch kaum lebensfähig.''

Ein Sinn im Leben gibt uns Mut;
ein Sinn im Leben
gibt uns einen enormen Überlebenswillen;
ein Sinn im Leben
gibt uns Antriebskraft und Lebensfreude.

Schauen Sie sich die Gefangenenlager an, eine zerbombte Groß-
stadt, Gefängnisse hier und in aller Welt. Immer wieder hat es
Menschen gegeben, die trotz aller Bedrückung und Not die Kraft
zum Überleben entwickelt haben. Menschen mit Sinn im Leben,
mit Kraft zum Überleben meistern Schwierigkeiten, auch wenn
sie gräßlich und qualvoll sind.

Wie kommt es eigentlich,

— daß so viele Menschen am Leben verzweifeln?
— daß so viele Menschen ihr Leben für sinnlos halten?
— daß so viele junge Menschen resignieren?
— daß Kinder und Jugendliche keine Zukunft sehen?
— daß junge Leute antriebsschwach, lustlos, desinteressiert,
  skeptisch und hoffnungslos in die Zukunft schauen?

Die Antwort ist:

Sie glauben, keinen Weg mehr zu sehen,
sie glauben, es ist ja doch alles zwecklos,
sie glauben, es lohnt sich nicht mehr,
sie haben aufgegeben,
sie haben kapituliert.

Machen wir uns klar: Wer aufgibt, hat keine Zukunft mehr.
Wer aufgibt, vergibt seine Chancen. Wer sinnlos lebt, vegetiert
vor sich hin.

Wovon lebt der Mensch? Was gibt dem Dasein Sinn? In seinem Roman ,,Krebsstation" beschreibt Alexander Solschenizyn
einen Mann namens Jefrem, einen ungeschlachten Burschen,
der durch den Krankensaal geht und alle Patienten fragt, wovon
sie eigentlich leben. Schwierige Frage! ,,Von der Luft", meint
einer. ,,Vom Wasser und vom Essen", ein anderer. ,,Vom
Arbeitslohn oder von der Qualifikation", meinen wieder andere.
Jefrem gibt sich nicht zufrieden. ,,Von der Heimat", meint
einer, ,,daheim ist alles leichter." Jefrem fragt nun den Funktio-

när, der gerade ein Hühnerbein abnagt. „Darüber kann doch kein Zweifel sein", erwidert der ohne Zögern, „die Menschen leben von der Ideologie und den gesellschaftlichen Interessen."

Reicht das aus? Was ist der Sinn des Lebens? Wofür und wozu leben wir? Das Tier kann eine solche Frage nicht stellen. Jefrem in Solschenizyns Roman zieht die Bilanz: Die einen leben in den Tag hinein, die anderen machen sich ständig Gedanken. Die einen klammern sich an die Heimat, an die Arbeit, an Essen und Trinken, die anderen an eine Ideologie. Ist das alles, wenn der Tod auf der „Krebsstation" ständiger Begleiter ist?

Die Sinnfrage in verschiedenen Lebensphasen

In bestimmten Lebensabschnitten rückt die Sinnfrage stärker ins Licht. Körperliche, seelische und geistige Veränderungen rufen Sinnkrisen hervor. Der Mensch gerät aus dem Gleichgewicht. Panik und Verzweiflung können ihn bedrücken. Er fühlt sich dann auf dem Schleudersitz, weiß nicht, wie es weitergehen soll.

a) Die Pubertät als Sinnkrise

Die Pubertät ist der Übergang von einem Entwicklungsabschnitt zum anderen, und zwar vom Kindsein zum Erwachsensein. Hier tauchen oft Krisen auf, die nicht selten Identifikationskrisen sind. Der Junge hat es schwer, in seine Mannrolle komplikationslos hineinzuwachsen. Das Mädchen hat es schwer, seine Rolle als Frau zu akzeptieren.

Einige rebellieren gegen ihre Rolle. Mädchen produzieren Pubertätsmagersucht. Sie wollen Kind bleiben, sie lehnen die Erwachsenenwelt ab, sie nehmen ihre Frauenrolle nicht an. Diese Pubertätskrise wirkt sich als bedrohliche Sinnkrise aus. Andere kompensieren. Sie gleichen aus, sie geben an, sie benutzen auffällige Kleider, Zigaretten, auffälliges Benehmen, um von ihren Minderwertigkeitsgefühlen und der inneren Unausgeglichenheit abzulenken. In den Pubertäts- und Identifikationskrisen wird deutlich: Der Sinn meines Lebens hängt davon ab,

— ob ich mit mir im Reinen bin,
— ob ich mit mir identisch bin,
— ob ich mich annehmen kann,
— ob ich zu mir und zum Leben ja sagen kann.

Wer sich selbst in Frage stellt, stellt auch den Sinn des Lebens in Frage. Je mehr ich meinen Wert in Frage stelle, desto mehr wird mir der Sinn des Lebens fragwürdig: des Fragens würdig.

b) Lebensphasen nach C. G. Jung
In seiner Schrift „Lebenswende" teilte der Schweizer Therapeut und Psychoanalytiker C. G. Jung die 180 Grade des menschlichen Lebensbogens in Perioden ein, die sich folgendermaßen gliedern:

Die erste Periode beinhaltet die Kindheit;
die zweite Periode beinhaltet das Jugendalter und die Zeit bis etwa 30 bis 45 Jahre;
die dritte Periode beinhaltet die mittleren Lebensjahre bis zum Alter;
die vierte Periode beinhaltet das Alter.

Die dritte Phase sei eine der kritischsten, behauptet Jung, und das hat sich herumgesprochen. Wir sprechen von midlife-crisis, Krise der Vierziger oder Krise der Lebensmitte. Es ist die Periode gehäufter Erkrankungen, es ist die Phase gehäufter seelischer und kröperlicher Zusammenbrüche.

Warum ist das so?

— Die Expansion im Leben, die Karriere ist weitgehend abgeschlossen, der Ehrgeiz, noch etwas Durchschlagendes leisten zu müssen, läßt nach;

88

— es wird Bilanz gemacht. Körpersymptome und Krankheits-symptome werden als Schuß vor den Bug verstanden;
— aber nur wenige ziehen jetzt die richtigen Schlüsse, nur wenige kommen nur echten Besinnung.

Mit dem Klimakterium beginnt es sehr oft bei den Frauen. Das Klimakterium wird als Abbau erlebt. Die Jugend, das Vorwärts-schreiten sind vorbei, Alterserscheinungen werden registriert. Doch muß es nicht so sein. Klimakterische Depressionen treten ein. Das Leben scheint nicht mehr lebenswert.

Und dann die Pensionierung. Wir sprechen geradezu vom Pensionierungsbankrott. Viele haben das Gefühl, nicht mehr gebraucht zu werden, viele fühlen sich überflüssig,

sie haben keine Ziele mehr,
sie haben keine Aufgaben mehr,
sie fühlen sich am Ende.

Man klagt über Dinge, die man nicht mehr hat,
man jammert über Dinge, die man nicht mehr machen kann,
man grübelt über Dinge, die man versäumt hat,
man schaut auf die Mängel, statt auf das Schöne,
man schaut auf die Dornen, statt auf die Rosen.

Darum braucht auch der Pensionär Aufgaben, er braucht Bestä-tigungen und Herausforderungen, um einen Sinn im Leben zu erkennen.

Die Zukunft ist das, was wir von ihr halten

Der Sinn des Lebens hat etwas mit unserer Zukunft zu tun, mit dem Blick nach vorn, mit der Erwartung für das Morgen. Aber die Zukunft ist das, was wir von ihr halten.

Das heißt:

Unsere Einstellung zur Zukunft gibt ihr ein bestimmtes Ziel;
unsere Vorstellung von der Zukunft macht sie positiv oder negativ;
unsere Meinung über die Zukunft macht sie erträglich oder unerträglich;
unsere Zukunft ist das, was unsere Augen wahrnehmen.

Der römische Kaiser und Philosoph Marc Aurel hat vor 2000 Jahren die klugen Worte gesagt: ,,Der Mensch ist das, wozu ihn seine Gedanken machen.'' Anders ausgedrückt: Nicht die Tatsachen bestimmen unser Leben, sondern was wir von ihnen halten. Entscheidend ist, wie wir die Tatsachen deuten, wie wir die Tatsachen beurteilen. Sehen wir für die Zukunft Möglichkeiten, gehen wir aktiv an die Arbeit. Sehen wir keine Möglichkeiten, legen wir die Hände in den Schoß und resignieren. Unser Leben ist so, wie wir es deuten:

Wer es für reich hält, der hat ein reiches Leben;
wer es für arm hält, der hat ein armes Leben;
wer die Sonne für beglückend hält, erlebt sie beglückend;
wer die Sonne für bedrückend hält, der erlebt sie bedrückend;
wer die Frage nach dem Sinn für sinnlos hält, ist vermutlich nicht glücklich und zufrieden, und zwar, weil er einen Sinn vermißt.

Sinnlosigkeit ist anerzogen

Hoffnungslosigkeit, Resignation, Mutlosigkeit sind weitgehend anerzogen, nicht vererbt. Wenn du nicht an dein Kind glaubst, wie soll dann das Kind an sich selbst glauben? Wem dauernd gesagt wird:

,,Das kannst du nicht.''
,,Das lernst du nicht.''

„Das schaffst du nicht."
„Du bist zu klein, zu dumm und zu ungeschickt",

der wird diese Eigenschaften im Leben widerspiegeln. Wer es sich von den Eltern einreden läßt und glaubt, zu wenig begabt zu sein, der schafft es tatsächlich nicht. Dieser Mensch zieht vermutlich eine negative Bilanz für sein Leben:

— Er kapituliert,
— er resigniert,
— er glaubt nicht an sich,
— er mag sich nicht leiden,
— er läßt die Flügel hängen.

Aber wir müssen das nicht weiterhin für wahr halten, wir können uns ändern. Wir haben die Möglichkeit, neue Entscheidungen zu treffen, neue Reaktionsmuster auszuprobieren. Wer diese negativen Botschaften bejaht, sie letztlich für richtig hält,

— der programmiert seine eigene Sinnlosigkeit,
— der fördert seine Sinnlosigkeitsgefühle,
— der verstärkt seine Resignation.

Sinnlosigkeit tritt da auf, wo Menschen glauben, abhängig von Welt und Umwelt zu sein

Manche Menschen glauben, sie seien ein Spielball des Schicksals, sie glauben,

— sie seien ein hilfloses Anhängsel der Gesellschaft,
— sie seien abhängig von der Vererbung,
— sie seien machtlos ihren Trieben ausgeliefert,
— sie seien das Produkt der Erziehung, das Produkt der Eltern,
— sie seien gebunden an Erbveranlagungen, die unveränderbar festliegen.

91

Wie ein Kaninchen, das hypnotisiert auf die Schlange schaut und sich auffressen läßt, so schaut solch ein Mensch hypnotisiert auf die Umstände, auf die Eltern, auf die Vergangenheit und die Vererbung. Hier ist Sinnlosigkeit mit Hilflosigkeit gekoppelt. Dieser Mensch fühlt sich unfrei, er fühlt sich versklavt. Ihm gelingt es nicht, Eigenständigkeit zu bewahren, er fühlt sich manipuliert, er fühlt sich mutlos und schwach. Das Tragische ist, er glaubt an alle möglichen Einflüsse und Kräfte, nur nicht an sich und seine Möglichkeiten und Fähigkeiten, die Gott ihm mitgegeben hat.

Dieser negative Glaube lähmt seine Tatkraft, blockiert seine Ziele, die er anstrebt; dieser negative Glaube an Gebundenheiten bindet ihn auf der Stelle. Wer pausenlos auf Unfreiheiten schaut, wird von der Unfreiheit gefangen genommen. Er sieht keine Freiheit mehr, und mögliche Wege zur Freiheit sind ihm verstellt. Wie sagte Friedrich Nietzsche? ,,Wer ständig in den Abgrund schaut, stürzt hinein.'' Der Blick auf den Abgrund hat eine unglaubliche Sogkraft.

Der Wille zum Sinn

Der Begründer der Logo-Therapie, der österreichisch-amerikanische Psychiater und Therapeut Viktor Frankl, hält den *Willen zum Sinn* für das Hauptmotiv menschlichen Strebens. Er schreibt: ,,Wie können wir uns das erklären? Nun, wovon der Mensch zutiefst und zuletzt durchdrungen ist, ist weder der Wille zur Macht, noch der Wille zur Lust, sondern ein Wille zum Sinn. Und auf Grund etwa dieses seines Willens zum Sinn ist der Mensch darauf aus, Sinn zu finden und zu erfüllen... Was aber die Selbstverwirklichung anlangt, wage ich zu behaupten, daß sich der Mensch nur in dem Maße zu verwirklichen imstande ist, in dem er Sinn erfüllt.''[7]

In diesen Sätzen stecken viele Wahrheiten. Frankl hat es als erster unmißverständlich gesagt:

Wer Lust anstrebt, dem vergeht sie;
wer Glück anstrebt, der bekommt es nicht;
wer Selbstverwirklichung anstrebt, dem mißlingt sie.

Diese Dinge kann man nicht direkt ansteuern, bzw. erreicht man nicht dadurch, daß man sie willentlich anstrebt. Woran liegt das?

Lust ist eine *Begleiterscheinung,* eine Nebenwirkung; Glück ist ebenso eine Begleiterscheinung, eine Belohnung, die abfällt, wenn ich mich für andere einsetze. Wer auf sich selbst konzentriert ist, erlebt keine wahre Lust, kein wahres Glück und keine Selbstverwirklichung. Selbstverwirklichung erfahre ich dann, wenn ich mich für andere interessiere, wenn ich mich hingebe, wenn ich Verantwortung für die Gemeinschaft übernehme. Lust, Glück und Selbstverwirklichung sind unbeabsichtigte Folgen und Beglückungen, die sich einstellen, wenn ich für andere da bin, wenn ich liebe, wenn ich gebe. Wer beglücken will, wird glücklich. Wer schenkt, wird selbst beschenkt. Wer anderen etwas gibt, gibt sich selbst sehr viel. Das ist das Geheimnis des Glücks, das ist das Geheimnis des wahren Sinns im Leben.

Für Frankl besteht der Sinn des Lebens darin:

— die Aufgaben zu erfüllen, die mir gestellt sind;
— die Forderungen in Angriff zu nehmen, die mir vor die Füße gelegt werden;
— die Probleme zu meistern, die auf mich zukommen;
— nicht das Großartige zu tun und darauf zu warten, sondern das Alltägliche zu bejahen und anzupacken.

Also:

In der Erfüllung alltäglicher Aufgaben,
in der Hingabe für andere,
im Bearbeiten des Notwendigen,
im Hingehen und Tun erfahren wir den Sinn des Lebens.

Wo ein Ziel ist, da ist auch ein Wille

Wir alle kennen das Sprichwort: ,,Wo ein Wille ist, da ist auch ein Weg!" Das erscheint richtig. Und umgekehrt: Wo kein Wille ist, da ist auch kein Weg. Wo keine Motivation ist, da fehlen Wege und Möglichkeiten. Die entscheidende Frage lautet:

— Woher bekomme ich den Willen?
— Woher nehme ich die Motivation?
— Woher nehme ich den Antrieb?
— Woher nehme ich das Engagement?
— Woher nehme ich das Interesse für eine Sache?

Viktor Frankl hat das Sprichwort ,,Wo ein Wille ist, da ist auch ein Weg!" anders formuliert. Seine These lautet: ,,Wo ein Ziel ist, da ist auch ein Wille." Anders ausgedrückt: Wer ein Ziel verfolgt, hat Willenskraft, das Ziel anzustreben. Wer wirklich Ziele verfolgt, entwickelt auch die entsprechende Leidenschaft.

Wer ein Ziel hat, der zeigt Engagement,
wer ein Ziel hat, der geht ermutigt an die Realisierung heran,
wer ein Ziel hat, packt zuversichtlich Aufgaben an,
wer ein Ziel hat, der läßt sich in seiner Willensanstrengung nicht umstimmen.

Da ist ein Schüler, der verfolgt das Ziel, sein Abitur zu machen, da war ein Facharbeiter, der verfolgt das Ziel, die Meisterprüfung zu machen,
da ist ein Ehepaar, das verfolgt das Ziel, ein Haus zu bauen.

Je deutlicher sie das Ziel vor Augen haben, desto weniger lassen sie sich entmutigen. Je leidenschaftlicher sie das Ziel ansteuern, desto weniger lassen sie sich vom Kurs abbringen. Frankl hat recht: ,,Wo ein Ziel ist, da ist auch ein Wille." Auf unser Thema gemünzt, heißt das: Wo ein Ziel ist, hat das Leben einen Sinn, wenn auch einen begrenzten, weil das Ziel unter Umständen ein begrenztes ist.

Was können wir tun, um in allen Lebensphasen einen Sinn zu sehen? Was können wir tun, um unseren Lebenssinn zu verstärken? Ich nenne fünf Punkte.

1. SCHRITT
Sich selbst annehmen

Wer sich selber nicht bejaht, ist unglücklich und unzufrieden;
wer sich nicht bejaht, bejaht auch das Leben nicht;
wer sich nicht bejaht, bejaht auch seinen Sinn nicht;
wer sich aber akzeptiert, akzeptiert *sein* Leben, *das* Leben, den Sinn im Leben.

Das Neue Testament sagt uns, was wir tun können: ,,Nehmt einander an, wie Christus euch angenommen hat'' (Römer 15, 7). Er liebt uns — wie wir sind. Warum können wir uns da nicht selbst lieben? Ich bin mit mir einverstanden — wie ich bin:

— mit meinen Eigenarten,
— mit meinen Fehlern,
— mit meinen Begabungen,
— mit meinen Grenzen und Begrenzungen.

Wer das sagen kann, der hat Lebensmut. Wer das leben kann, packt zu und resigniert nicht. Wer so von sich denkt, denkt positiv von sich, von den anderen, von seinen Chancen und Möglichkeiten. Wer sich so sieht,

— dreht sich nicht um sich selbst,
— er sieht den anderen,
— er kümmert sich auch um ihn,
— er geht zu ihm hin,
— er findet den anderen — und findet damit jedesmal auch den Sinn im Leben.

2. SCHRITT
Nicht das Schicksal anklagen

Wer das Schicksal anklagt, wer die Eltern oder die Welt, die anderen anklagt, der leidet, der ist unglücklich.

Er flüchtet in die Vergangenheit,
er flüchtet in Anklagen,
er flüchtet in Selbstmitleid.

Menschen, die das Schicksal anklagen, richten ständig ihren Blick auf das Verlorene, sie jammern über Defizite. Diese Menschen gehen nicht konstruktiv an die Bewältigung ihrer Krisen heran, sondern sie klagen, sie jammern, machen Vorwürfe und leiden an sich, an den anderen und an der Gesellschaft. Und Gott wird nicht selten in diese Anklagen mit einbezogen.

Solches Handeln ist fehlerorientiert und nicht erfolgsorientiert.

3. SCHRITT
Nicht die Kinder zum alleinigen Lebenssinn machen

Eine Lebensphase, die besonders zur Sinnkrise werden kann, ist die Zeit, wenn die Kinder aus dem Haus gehen.

Da kommt eine Frau in die Beratung, die vom Internisten geschickt wird. Er hat eine vegetative Systonie festgestellt, also eine Dysfunktion des vegetativen Nervensystems. Die Frau ist seelisch völlig durcheinander, hat gefährlichen Bluthochdruck und will morgens nicht mehr aufstehen. Was ist geschehen? Sie hat bis vor einem halben Jahr für zwei erwachsene Töchter gelebt. In ihrer Ehe kriselt es. Pfingsten haben sich plötzlich beide Töchter verlobt. Für die Mutter kam die Nachricht ,,wie aus heiterem Himmel''. Sie verlor den Boden unter den Füßen. Ihr Sinn im Leben waren die Kinder, die im Begriff standen, das Haus zu verlassen. Ihr Mann spielte eine völlige Nebenrolle. Erst die Verlobung der Kinder brachte die „Sinnkrise" ans Licht. Und die Beratung deckte die fragwürdige Sinngebung der Frau auf. Lebenskrisen müssen keine Katastrophen sein. Lebenskrisen sind Herausforderungen, den Sinn des Lebens kritisch zu befragen, den Sinn des Lebens zu überdenken und die Spreu vom Weizen zu trennen. Wer Kinder zum einzigen Mittelpunkt seines Lebens macht, steht plötzlich ohne Lebensinhalt da.

4. SCHRITT
Positive Augen trainieren

Und nicht Augen, die überall

— die Schatten sehen,
— die Dunkelheit wahrnehmen,
— das Häßliche erkennen,
— die Fehler beobachten,
— die Unvollkommenheiten wahrnehmen,
— die Kriege, das Unheil und die Skandale im Auge haben.

Wir brauchen positive Augen, die das Schöne sehen, die die Chancen wahrnehmen, die Lösungen einkalkulieren, die Hoffnungen haben. Wir brauchen positive Augen, die sich nicht entmutigen lassen.

— Positive Augen danken für das schöne Wetter,
— positive Augen danken für die Augen, die noch sehen können,
— positive Augen danken für die Füße, die noch laufen können,
— positive Augen sehen die Fähigkeiten, die wir haben,
— positive Augen suchen die Veränderung und streben sie an,
— positive Augen geben nicht auf.

Ich liege oft abends im Bett und danke dafür,

— daß ich gesund bin,
— daß ich meine Sinne benutzen kann,
— daß ich Musik hören kann,
— daß ich Autofahren kann,
— daß ich hier sprechen kann.

Danken macht fröhlich. Danken hebt meine Stimmung. Positive Augen kann man schulen, sie haben etwas mit meinem Denken zu tun. Betend kann ich üben, für tausend Wohltaten zu danken. Dabei hebe ich nicht euphorisch ab und schwebe auf Wolke 17, sondern ich gehe dankbar und mutig an die Arbeit und verändere die Welt, weil ich an Gottes Schöpfung glaube.

Weil ich positive Augen habe,

— gehe ich hoffnungsfroh das Leid an,
— packe ich zuversichtlich die Nöte in meiner Umgebung an,

denn es ist besser, ein Licht in der Dunkelheit anzuzünden, als über die Dunkelheit in der Welt zu jammern. Es ist besser, einen Tropfen Öl ins Getriebe zu geben, als untätig herumzusitzen und zu stöhnen: ,,Das ist ja doch nur ein Tropfen auf den heißen Stein."

5. SCHRITT
Das Glaubensleben verstärken

Wenn ich an den lebendigen Gott glaube, weiß ich, daß mein Leben nicht sinnlos verlaufen kann.

Ich weiß mich gehalten,
ich weiß mich getragen,
ich weiß mich geführt,
ich bin Sein Kind.

Was geschieht, muß an Ihm vorbei;
was geschieht, ist kein blinder Zufall;
was geschieht, hat einen Sinn, wenn auch für uns nicht erkennbar.

Unser Leben gleicht einem echten Teppich von unten. Wir sehen nur Verknüpfungen, Knoten, Fäden, ohne die schönen Farben und Muster von oben zu erkennen. Ich glaube, daß aus der Perspektive Gottes mein Leben ein schönes Muster abgibt. Ich glaube, daß sogenannte sinnlose Knoten und Verknüpfungen einen Sinn ergeben. Wer glaubt, kann sagen, weil er davon überzeugt ist: Mein Leben hat einen Sinn. Meine Jugend und mein Alter, meine Gesundheit und meine Krankheit, meine Handarbeit und meine Kopfarbeit geschehen in Ihm und aus Ihm. Ich bin nicht nur ein winziges Rädchen im Getriebe der Welt, nein, ich weiß, auch auf dieses kleine Rädchen kommt es an.

Ich möchte das ganz persönlich sagen: Ich bin in der Kriegsgefangenschaft zum Glauben an Jesus Christus gekommen. Wir waren eine Gruppe von sieben jungen Männern, die der Glaube an Christus zusammenbrachte und zusammenhielt.

Wir bekamen nur sehr wenig zu essen. Viele wurden wegen Unterernährung in ein Camp gebracht, wo sie vor dem Tode bewahrt wurden. Mit Inbrunst haben wir das Lied gesungen: ,,Er macht schöne rote Wangen oft bei geringem Mahl, und die da sind gefangen, die führt Er aus der Qual.''

Wir haben geglaubt und gehofft. Wir haben uns auf den lebendigen Gott verlassen. Vielleicht klingt es verrückt, aber es war so: Ich kam aus der Gefangenschaft und habe vielleicht zwei bis drei Pfund weniger gewogen als vorher. Wir haben geglaubt und leibhaftig und existentiell Seine Hilfe erfahren. Der Glaube an den lebendigen Gott ist der tiefste Sinn für unser Leben. Der Sinn im Leben mobilisiert ungeahnte Kräfte.

Gebet eines Leuchtturms

Lassen Sie mich abschließen mit dem Gebet einer Frau, die total gelähmt ist. Man möchte meinen, eine so kranke Person fühle sich nur noch als Last für andere und ihr Leben sei die personifizierte Sinnlosigkeit. Rosemarie Berster, so heißt diese junge Dame, ist schwer körperbehindert. Sie ist Spastikerin und stark sprechbehindert. Sie liegt im Bett und ist völlig hilflos. Aber sie sieht einen Sinn im Leben und schreibt bzw. hat es aufschreiben lassen:

Das Gebet eines Leuchtturms.

Es hat lange gedauert, Herr, bis ich fertig war.
Man hat sich viel Mühe gegeben,
damit ich das wurde, was ich nun bin,
ein Leuchtturm.
Ich wurde hierher gestellt, an meinen bestimmten,
genau berechneten Platz,
umspült und umbraust von den Wogen des Meeres,
um den Schiffen zu leuchten,
damit sie den rechten Weg finden,
auch in der Nacht und in heftigen Stürmen.
Kein Schiff soll an den Felsen zerschellen!
Darum muß ich stets wachen und meine Lichter
aufleuchten und kreisen lassen.
Ich bin noch jung, Herr, ohne Erfahrung.
Aber einmal werde ich ein ganz alter Leuchtturm sein.
Heute jedoch wünsche ich mir,
daß ich sehr vielen Schiffen,
die mein Gebiet durchkreuzen,
Rettung, Hilfe aus der Not sein darf.

Und um eines bitte ich dich noch,
Herr: Laß mich immer freudig meine Pflicht erfüllen;
ohne Stolz auf meine Werke, die doch in Wahrheit
ein viel Größerer lenkt als ich,
dessen unscheinbares kleines Werkzeug ich nur bin,
dein Leuchtturm.

VI.

Die Frage nach der Depression

Depressionen und Schwermut ziehen sich wie ein dunkler Faden durch die menschliche Geschichte. Frauen und Männer, Mächtige und Machtlose sind davon befallen worden. In Gegenwart und Vergangenheit kennen wir Menschen, die von Depressionen heimgesucht wurden. Ich nenne nur einige:

Prinz Claus der Niederlande;
Winston Churchill, einer der großen Staatsmänner des zweiten Weltkrieges;
Abraham Lincoln;
der dänische Philosoph und Theologe Sören Kierkegaard, Martin Luther.

Auch Bibelhelden, Menschen mit großem Mut, blieben von diesem Leiden nicht verschont:

— König David von Israel,
— der Prophet Elia,
— der Prophet Jeremia,
— wahrscheinlich Paulus.

Eine Kennzeichnung, die den Depressiven und Schwermütigen treffend umschreibt, stammt von dem Evangelisten und Seelsorger Samuel Keller, der schon 1918 diese Menschen folgendermaßen charakterisierte: „Novemberchristen, deren Himmel des Gemüts verhangen ist von trüben Wolken der Traurigkeit, deren Tränen wie der Regen strömen und bei denen alle, auch die bestgemeinten Versuche der Seelsorge »abprallen, als würden wir eine Hand voller Erbsen gegen eine Wand werfen.«" [8]

Der November, der Herbst des Jahres, wenn die Sonne immer tiefer sinkt, wenn die Blätter von den Bäumen fallen, wenn Ernte und Reife abgeschlossen sind, ruft bei vielen Menschen Lebensunlust, Bedrückung, Niedergeschlagenheit, die sogenannte Novemberstimmung hervor. Andere Forscher sagen, das habe mit der Umstellung des Organismus zu tun, der im Herbst eine Hormonschwankung erlebe. Daher die statistische Häufung von Selbstmorden und Depressionsschüben im Herbst und im Wonnemonat Mai.

Verbreitung der Depression

Schon im klassischen Griechenland kannte man die Depression. Hippokrates, 460—377 v. Chr., der Schutzpatron der Ärzte, hat schon über Melancholie nachgedacht. Auch die griechischen Philosophen Platon und Aristoteles kannten die Melancholie, die krankhafte Traurigkeit, die „Schwarzgalligkeit", die sie auf eine Überproduktion der schwarzen Gallenflüssigkeit zurückführten.

Die Weltgesundheitsorganisation (WHO) geht heute davon aus, daß ca. 15 bis 18 Prozent aller Patienten in allen Ärzte-Wartezimmern nicht am Organ, sondern am Gemüt krank sind. Aber nicht das Gemüt selbst ist krank, sondern die Gemütsäußerungen.

Man schätzt, daß es in der Bundesrepublik ca. 500 000 körperlich bedingte Depressionen gibt. Von Depressionen im weiteren Sinne sind zwischen 3 und 5 Millionen Menschen befallen. Man sagt, daß zwischen 6 bis 10 Millionen Menschen in der Bundesrepublik eine ,,psychiatrische Versorgung in unterschiedlichster Form" benötigten.

Jeder zehnte Student sei psychisch krank und 30 Prozent der akademischen Führungsschicht litten unter ,,neurotischen Symptomen oder Tendenzen".

Die Depression ist nicht nur eine Krankheit der westlichen Welt, sondern auch in Afrika, Indien und Südamerika zu finden.

Wodurch ist die Depression gekennzeichnet?

Depressionen beinhalten eine breit gefächerte Skala ,,negativer Gemütszustände". Am Anfang bis Mitte der Skala stehen:

— ein normales Niedergedrücktsein,
— eine schlechte Stimmung,
— eine bestimmte Lustlosigkeit,
— ein Gefühl der Niederlage, des Versagens,
— eine bleierne Ratlosigkeit,
— eine Empfindungslosigkeit für alles Schöne,
— ein überstarkes Minderwertigkeitsgefühl,
— bei Christen das Gefühl, von Gott verlassen und verworfen zu sein,
— die Überzeugung: Ich habe alles falsch gemacht.

Das andere Extrem beinhaltet:

— chronische und lähmende Gefühle der Sinnlosigkeit,
— eine übersteigerte Hoffnungslosigkeit,
— eine vollständige Leere,
— eine totale Freud- und Kraftlosigkeit,
— ein Verlust der Selbstachtung und Selbstbejahung,
— krankhafte Schuldgefühle,
— Suizidgedanken und Suiziddrang.

Man schätzt, daß 60 Prozent aller Selbstmörder dieser schweren Krankheit zum Opfer fallen. Der Depressive

— meidet dann alle menschlichen Beziehungen,
— zieht sich ins Bett zurück,
— verhält sich völlig desinteressiert und apathisch,
— kann sich nicht mehr konzentrieren,
— neigt zum Zwangsgrübeln,
— erfaßt keine Zusammenhänge mehr,
— zeigt Weltekel und Weltangst.

Die organisch bedingte Depression

Sie wird in erster Linie von Fachwissenschaftlern als Stoffwechselstörung charakterisiert. Erbanlagen leisten für diese Depressionsform Vorschub. Als Beweis dient die Zwillingsforschung. Bei eineiigen Zwillingen bricht die Krankheit in der Regel bei beiden Geschwistern aus, selbst wenn beide getrennt in völlig verschiedener Umgebung aufwachsen. Auch hier unterscheiden wir viele Schweregrade. In der Regel leiden diese Menschen unter einem Gefühlsdefizit. Der Kranke ist sehr traurig, kann aber echte Traurigkeit nicht richtig empfinden. Der 24-Stunden-Rhythmus ist gestört. Bei Depressiven scheint die Uhr anders zu gehen. Kennzeichnend ist ein verfrühtes Erwachen, der Morgen beginnt mit Grübeln. Gegen 4 bis 5 Uhr schaltet der Organismus bei meßbarer Temperaturerhöhung und erhöhter Hormonausschüttung allmählich von Nachtgedanken auf Tagbetrieb um. Der Depressive wird dann wach und quält sich mit Selbstvorwürfen. Echte Trauer ist ein gesunder Lern- und Reifungsprozeß. Depressive Trauer hingegen erlebt der Mensch nur als Qual. Und gerade im Augenblick des Verstummens seiner seelischen Empfindungen kann der Depressive Hand an sich legen.

Man vermutet heute, daß dabei im Gehirn bestimmte Prozesse gestört sind. Der Baseler Professor Kielholz, der auch

Prinz Claus der Niederlande behandelte, spricht von einer Art ,,Wackelkontakt" in jenem Teil, aus dem die Empfindungen kommen. Reize und Befehle werden im Gehirn nicht direkt von Zelle zu Zelle weitergegeben, sondern durch Botenstoffe, sogenannte Neurotransmitter. Den Stoffwechsel der Gefühle besorgen hauptsächlich die drei Botenstoffe, die Neurotransmitter. Sie heißen:

Serotonin,
Noradrenalin und
Dopamin.

Depressive haben entweder zu wenig davon, oder die Botenstoffe der Gefühle werden von den Empfängern (Receptoren) der Gehirnzellen schlecht aufgenommen. So haben viele Depressive in der letzten Zeit das Serotonin für ihren unfaßbaren Seelenwirrwarr verantwortlich gemacht und hoffen, wenn die Fehlschaltung des Stoffwechsels beseitigt ist, wird ihre Depression automatisch verschwinden.

Die Einnahme von Lithium hilft in der Tat, diese Stoffwechselstörungen zu beeinträchtigen. So kann dieses Medikament ziemlich regelmäßig eingenommen werden. Es verhindert zum Teil neue Phasen der Verstimmung, aber Lithium heilt nicht die Krankheit, das muß unmißverständlich gesagt werden. Wird Lithium abgesetzt, sind die Rückfallgefahren besonders groß. Das Medikament schwächt die bedrückenden Symptome, heilt sie aber nicht. Entscheidend bleibt bis heute die Frage: Rufen Stoffwechselstörungen die Depression hervor, oder produzieren Depressionen die Stoffwechselanomalien? Was war zuerst, das Ei oder die Henne?

Die körperbedingten Depressionen

Man nennt sie auch organische oder symptomatische Psychosen. Andere sprechen von somatogenen Depressionen bzw. von organogenen Psychosen. Es handelt sich also um Depressionen auf organischer Grundlage. Der Körper hat die Seele unter Druck gesetzt. Veränderungen im Körper rufen abnorme seelische Verhaltensweisen hervor. Folgende Krankheiten können Depressionen auslösen:

— Leberleiden
— schwere Infektionen, die Entzündungen im Gehirn hervorrufen,
— Schädelverletzungen,
— Operationen,
— Arterienverkalkung,
— Tumore im Gehirn.

Diese Krankheiten können den Körperhaushalt durcheinanderbringen und beeinträchtigen den Hirnstoffwechsel. Solche sogenannten somatogenen Depressionen haben die besten Heilungschancen. Sind die körperlichen Ursachen beseitigt oder gemildert, geht es dem Gemüt des Menschen in der Regel wieder besser.

Welche körperlichen Störungen können mit der Depression verbunden sein?

Die Depression ist eine Chamäleon-Krankheit, d. h. sie kann sich tarnen und verstecken. Das Gemüt geniert sich und schiebt die Qualen auf Körperteile ab. Man spricht von ,,larvierter Depression", von verkleideter Depression, die ohne typische Merkmale verläuft. Einige Fachleute behaupten, daß die Hälfte aller Fälle

von Migräne,
von Magenbeschwerden,
von Herzschmerzen und Kreislaufbeschwerden

mit larvierten — also versteckten und verkleideten — Depressionen zu tun haben. Bei unklarer Beurteilung lauten dann die Diagnosen der Ärzte ,,Vegetative Dystonie'' oder ,,Psychosomatische Beschwerden''.
Folgende Körpersymptome können Depressionen verraten:

— Schlafstörungen,
— Körperbeschwerden im Kopf-, Brust- und Bauchraum,
— Verdauungsbeschwerden, Verstopfung,
— Potenzschwäche
— Schwindelgefühle,
— Kreuzschmerzen,
— Gewichtsabnahme.

Ein wesentliches Kennzeichen ist, daß die Beschwerden am Morgen stärker als am Abend sind. Mehr als 70 Prozent aller Depressiven klagen über Ängste vor allem Möglichen: vor Krebs, vor Vereinsamung, vor Schicksalsschlägen, vor Unglück usw.

Die psychogenen Depressionen

Hierbei handelt es sich um seelisch bedingte Depressionen, hinter denen kein körperliches Leiden auszumachen ist. Sie stellen weltweit den Löwenanteil der zu Tode Betrübten dar. In Wirtschaftswunderländern wie in Entwicklungsländern sind ca. 3 Prozent der Bevölkerung davon befallen. Wichtig ist: Doppelt so viele Frauen wie Männer leiden unter dieser psychogenen Depression.
Warum trifft es Frauen härter? Sie reagieren auf emotionale Reize und Schwierigkeiten stärker. Nicht die Einsamkeit ist der

109

häufigste Auslöser für Depressionen, wenn man von vereinsamten Frauen ausgeht,

sondern die Vereinsamung,
das Alleingelassenwerden,
das Sich-im-Stich-gelassen-Fühlen,
die Vernachlässigung.

Psychogene Depressionen oder auch reaktive Depressionen, also Schwermutszustände, die als Reaktion auf Leid und Tod entstehen können, werden unter Umständen durch folgende Faktoren ausgelöst:

— durch den Tod eines nahen Angehörigen
  (Eltern, Lebenspartner, Kind, Freunde);
— durch Verlust des Berufes;
— durch den Verlust des Lebensinhalts;
— durch Weggang der Kinder
  (Heirat, berufliche Veränderung);
— durch finanzielle Probleme;
— durch berufliche Niederlagen usw.

Wer wird krank?

Professor Dr. med. Hans.-J. Haase erklärt in einem Merkblatt für Patienten mit endomorphen Depressionen, das heißt mit ,,depressiven Psychosen'' bzw. ,,nichtverständlichen Depressionen'', wer dazu neigt, diese Krankheit zu bekommen: ,,Meist Personen mit einem überdurchschnittlichen Pflichtgefühl — meist sehr ordnungsliebende Personen, die sich außerordentlich für etwas (Familie, Beruf) einsetzen. Sie waren meist Jahrzehnte sehr leistungsfähig, bis sie erkrankten und sind nach der Krankheit wieder sehr leistungsfähig.''[9]
  An dieser schweren Form der Depression erkranken nach

Aussagen der Fachleute ca. 500 000 Menschen in der Bundesrepublik mindestens einmal in ihrem Leben. Die Depression dauert im Durchschnitt ca. sechs bis neun Monate. Was wird an den Aussagen von Professor Haase deutlich?

1. Es handelt sich um Menschen, die eine bestimmte Persönlichkeitsstruktur darstellen und nicht in erster Linie eine bestimmte Anlage für endogene oder endomorphe Depressionen mitbringen;

2. daß ein Schwergewicht in der Therapie auf die Veränderung der Persönlichkeitsstruktur abzielen sollte, weil
— der überhöhte Anspruch der endomorph Depressiven,
— ihre übersteigerte Leistungsbezogenheit und
— ihr überdurchschnittliches Pflichtgefühl krankhafte Depressionen geradezu kultivieren.

Was können wir tun?
Was sollten wir bedenken?
Welche konkreten Hilfen bieten sich an?

1. SCHRITT
Der Depressive muß lernen, für sein Leben
ein Stück Verantwortung zu übernehmen

In einem Vortrag entfaltete ein Redner ein weißes DIN A 2-Blatt vor den Zuhörern. Auf dem großen Blatt war ein kleiner schwarzer, gut sichtbarer Punkt eingezeichnet. Er fragte die Zuhörer, indem er das Blatt hochhob: ,,Was sehen Sie?`` Und viele antworteten, ohne lange zu überlegen:

— einen dunklen Punkt,
— ein kleines schwarzes Etwas,
— einen dreckigen Fleck.

111

Der Redner antwortete: „Ist es nicht merkwürdig? Ich halte ein großes, weißes Blatt in der Hand. Alle konzentrieren sich auf den schwarzen Punkt auf dem Papier. Kein Zuhörer spricht von dem rechteckigen großen, weißen Bogen."

Genau das ist die Lebenseinstellung der Depressiven. Sie konzentrieren sich auf die dunklen Punkte in ihrem sonst reichen Leben. Und diese irrigen Beurteilungsmuster sollten nicht selbstverantwortlich mit Hilfe von Beratung, Therapie und mit Hilfe des christlichen Glaubens zu verändern sein?

Das heißt nicht: Wir tragen für unsere Depression die Alleinschuld. Aber neben der medikamentösen Behandlung müssen wir ernsthaft an

— negativen und destruktiven Lebenseinstellungen,
— falschen Denk- und Glaubenseinstellungen arbeiten.

Der Philosoph und Theologe Romano Guardini hat es unmißverständlich so formuliert: „Die Schwermut ist etwas zu Schmerzliches, und sie reicht zu tief in die Wurzeln unseres menschlichen Daseins hinab, als daß wir sie den Psychiatern überlassen dürfen."

Wer sich selbst, sein Leben und seine Zukunft negativ einschätzt, wird

— mit negativen Gefühlen,
— mit negativen Erwartungen und
— mit negativen Konsequenzen

rechnen müssen.

Diese selbstproduzierten Lebensmuster und die damit verbundenen lebensfeindlichen Verhaltensweisen können wir korrigieren und positiv beeinflussen.

Der amerikanische Theologe und Seelsorger Jay E. Adams geht so weit, daß er schreibt: „Die Tatsache liegt aber anders: Man kann zwar vielleicht nichts für das ursprüngliche Problem (zum Beispiel eine Krankheit, finanzielle Probleme), aber man ist *verantwortlich für die Art, wie man mit seinem Problem umgeht.* Wer sündhaft darauf reagiert (auch zum Beispiel, indem er seine Aufgaben vernachlässigt, Groll hegt, sich selbst bemitleidet), wird als Resultat seines Verhaltens depressiv."[10]

Adams geht davon aus, daß Menschen, die ihre Aufgaben wahrnehmen, die ihre Pflichten erfüllen und sich trotz schlechter Stimmung an die Arbeit begeben, Erleichterung erfahren und eine positivere Gesamthaltung erleben.

2. SCHRITT
Wir begleiten den Despressiven zum Nervenfacharzt

Der Berliner Theologe, Arzt und Psychotherapeut Klaus Thomas, Leiter der bekannten „Ärztlichen Lebensmüdenbetreuung Berlin", schrieb über seelsorgerliche Hilfen bei Depressiven: „Depressive brauchen Begleitung, sollten aber nicht überwiesen und damit abgefertigt werden. Viele äußern dann Bedenken, wenn der Arzt die wirksamen modernen antidepressiven Medikamente verordnet: »Jesus soll mich gesund machen!« Hier kann ein nüchterner Seelsorger besser überzeugen als der Arzt: »Wir dürfen aber Jesus nicht die Wege und Mittel vorschreiben, mit denen Er helfen will. Ein Wort in Sirach 38, 2—4 lautet: ,Die Arznei kommt von dem Höchsten . . . und ein Vernünftiger verachtet sie nicht.'« Krankheit ist keine Schande. Jeder Mensch, auch jeder gläubige Christ, kann seelisch erkranken und durch ärztliche Behandlung befreit werden."[11]

Medikamente verbessern die Gesamtbefindlichkeit des Patienten. Sie vermindern die unerträglichen Seelenschmerzen, aber sie heilen nicht die Krankheit. Darum sind Seelsorge und Therapie zusätzlich notwendig.

3. SCHRITT
Die Korrektur der Verlierer-Gesinnung

Das Denken der Depressiven wird von negativen Überzeugungen gesteuert. Darum sind für die Heilung der Depressiven Gedanken ausschlaggebend und nicht Beruhigungsmittel oder Antidepressiva. Denn nicht die Stimmungen prägen die Verlierergesinnung, sondern die negativen Gedanken. Der Depressive erlebt sich

— depriviert (beraubt),
— frustriert (benachteiligt),
— gedemütigt,
— ausgestoßen,
— bestraft,
— als Pechvogel,
— als Versager.

Kurz gesagt: Er versteht und sieht sich als Verlierer. Wer sich aber als Verlierer sieht, hat schon verloren. Wer sich als Gedemütigter versteht, wird gedemütigt. Er verhält sich so — und das ist ein grausames Zusammenspiel —, daß er gedemütigt wird. Alfred Adler sagt mit plastischer Treffsicherheit: ,,Er läuft seinen eigenen Ohrfeigen nach!'' Auch gegen sich selbst gerichtete Aggressionen sind häufig zu finden. In den Träumen von Depressiven kommen viel mehr masochistische und autoaggressive Bilder und Gedanken vor als bei anderen Menschen. Masochismus wird als ,,Leide-Lust'' charakterisiert. Der Depressive erlebt sich als Verlierer.

Der amerikanische Psychiater Aaron T. Beck spricht von einer ,,kognitiven Triade in der Depression'', von einem dreifachen falschen Denken:

a) Der Depressive hat ein negatives Selbstbild.
   Er fühlt sich
   — minderwertig,

114

— unzulänglich und
— wertlos.

b) Der Depressive hat ein negatives Weltbild.
In der Welt erlebt und erfährt er
— Niederlagen,
— Verlust und Verlustängste und
— Schlechtigkeit.

c) Der Depressive hat ein negatives Zukunftsbild.
Seine Überzeugung ist,
— daß die Perspektive der Zukunft dunkel ist,
— daß er nichts zu erwarten hat,
— daß er seiner Umgebung ständig zur Last fallen wird.

Das Denken und die Überzeugungen der Depressiven sind negativ. Darum entwickeln sie eine starke Bewegung gegen sich selbst. Ihre Vorstellungen sind fehlerorientiert und nicht erfolgsorientiert.
Der Depressive sieht

— die Dornen und nicht die Rosen,
— die Flecken und nicht die sauberen Teile,
— die Schwächen und nicht die Stärken,
— die Fehler und nicht die richtigen Ergebnisse.

Der amerikanische Psychiater Beck ist fest davon überzeugt: „Dadurch, daß wir falsche Ansichten korrigieren, sind wir in der Lage, heftige und unangemessene Gefühlsreaktionen zu dämpfen oder umzuwandeln."[12]
Auch der depressive Christ muß seinen fehlerhaften Glauben korrigieren:

Er ist nicht verworfen, sondern Gottes geliebtes Kind;
er ist nicht zur Hölle prädestiniert, sondern zum ewigen Leben;
er ist nicht von Gott verlassen, sondern sein Name ist ins Buch des Lebens geschrieben.

4. SCHRITT
Die Korrektur des starken Ehrgeizes

Nach meiner Erfahrung habe ich — in 15 Jahren Beratungspraxis — noch keinen Depressiven erlebt, der nicht hochgradig ehrgeizig ist.

— Er verfolgt hohe Ziele,
— er hat einen enormen Anspruch — an sich und andere,
— er will das Hohe, das Große und Edle,
— er will es kompromißlos und hundertprozentig.

Da er aber eine miserable Selbsteinschätzung und einen geringen Glauben an sich selbst hat, geht er vorsichtig und zögernd an die Aufgaben heran. So pflegt er auf der einen Seite luftschloßartige Wünsche und Illusionen und demonstriert auf der anderen Seite seine völlige Unfähigkeit und Schwäche. Der amerikanische Psychiater James Croke kennzeichnet diese Haltung mit einem amerikanischen Wortspiel: nobility, no ability. Das heißt, auf der einen Seite ist der Depressive durch nobility, durch Adel, durch Größe, Prächtigkeit und Vortrefflichkeit gekennzeichnet, auf der anderen Seite wird er von no ability, von Unfähigkeit, heimgesucht. Er möchte in Wirklichkeit auf den verschiedenen Gebieten ganz oben sein und fühlt sich doch ganz unten. Dieser Ehrgeiz kann die verschiedensten Lebensbereiche erfassen,

— die Arbeit,
— die Ehe,
— den christlichen Glauben,
— die Moral.

Immer geht es dem Depressiven darum, gründlicher in der Arbeit, glücklicher in der Ehe, fester im Glauben und moralischer als andere zu sein. Dieser hohe Selbstanspruch muß Depressionen und Enttäuschungen hervorbringen.

116

Mit dem starken Ehrgeiz oder dem übertriebenen Selbstanspruch ist oft ein Alles-oder-nichts-Denken verbunden. Der Depressive will alles oder nichts, er will das Hundertprozentige und fühlt sich als der größte Versager und die größte Niete. Wer das Vollkommene anstrebt und nur mit diesem zufrieden ist, muß ständig Pleiten, Enttäuschungen und Mißerfolge produzieren. Er programmiert systematisch seine Depression.

Auch viele ehrliche Christen kennzeichnet dieser unbewußte Ehrgeiz. Darum konfrontiert Pastor Kriese vom Evangeliumsrundfunk den Schwermütigen als erstes mit folgender Frage: ,,»Bin ich stolz?« Es mag überraschen, daß diese Frage an erster Stelle steht. Sie ist deshalb so mächtig, weil sie die Wurzel vieler Übel ist. Die Bibel sagt: »Hochmut kommt vor dem Fall« (Sprüche 16, 18). Ob nicht mancher depressiv am Boden liegt, weil er arrogant war? An einer anderen Stelle ist zu lesen: »Gott widersteht den Hochmütigen, dem Demütigen aber gibt er Gnade« (1. Petrus 5, 5). Man könnte diesen Satz auch so wiedergeben: »Gott widersetzt sich dem Stolzen, aber dem, der sich gering achtet, wendet er sich zu.« "

Der Hochmütige will hoch hinaus, will anderen überlegen sein, auf welchem Gebiet auch immer. Mit seiner Leistung, auch mit der frommen, will er imponieren.

5. SCHRITT
Der Depressive muß seine Wertvorstellungen überprüfen

Jeder Mensch hat

— seine erlernten ,,höchsten Werte",
— seine Ideale,
— sinngebende Hochziele.

Die Bibel nennt das schlicht so: ,,Denn wo dein Schatz ist, da wird auch dein Herz sein" (Matthäus 6, 21). Unsere Hochziele und Wertvorstellungen prägen unser Leben. Sie geben uns Sinn, Selbstwertgefühl und Sicherheit. Der Depressive verfolgt auf vielen Gebieten — auch im geistlichen Leben — Hochziele. Werden sie nicht erfüllt, lösen sie im Ernstfall Angst, Hoffnungslosigkeit, Enttäuschung und Depression aus.

Er verzweifelt an sich selbst,
er verzweifelt an seiner Unfähigkeit,
er verzweifelt an seiner Mangelhaftigkeit.

Im Kern sind diese ,,Schätze'' aber ungeistlich und dienen unbewußt dazu, den Selbstwert zu erhöhen oder die Überlegenheit über andere Menschen zu demonstrieren. Sünde heißt Zielverfehlung. Unsere hochfliegenden Pläne, unsere geistlichen Leistungen und moralischen Ansprüche dienen im Grunde der Selbstbefriedigung und nicht der Ehre Gottes.

Aber Depressive dürfen sich in dem Wissen trösten und aufrichten, daß Gott auch einen übersteigerten Ehrgeiz, so sehr man dagegen auch ankämpfen muß, ,,heiligen'' und gebrauchen kann. Die Gottesmänner Mose und Luther sind Beispiele dafür.

6. SCHRITT
Der Depressive findet Hilfe in Gott

Es gibt viele Kapitel in der Bibel, wo die Schwermut beschrieben wird. Da ist der Prophet Elia. Er hatte eine triumphale Tat vollbracht und seinen Ruhm vor Freund und Feind demonstriert. Und doch fiel er anschließend in eine schwere Depression. Seine hochfliegenden Pläne hatten sich nicht erfüllt. Er wollte eine hundertprozentige Reformation im Lande durchführen. Elia wurde gottesmüde und lebensüberdrüssig. Seine Angst trieb ihn in die Flucht. Unter einem Ginsterstrauch saß er und wollte sterben. Es heißt: ,,Da wünschte er sich den Tod und betete: »Es ist genug! Nimm nunmehr, Herr, mein Leben hin, denn ich bin nicht besser als meine Väter« '' (1. Könige 19, 4).

Hochgradiger geistlicher Ehrgeiz! Er wollte besser sein als seine Väter. Welcher Ehrgeiz trieb ihn, besser sein zu müssen als seine Väter? Und als ihm das nicht gelang, wurde er schwermütig. Aber in der Seelsorge Gottes lernen wir, daß Gott Seinen Propheten nicht anklagt. Er macht ihm auch nicht den leisesten Vorwurf. Andererseits gibt es keine Anzeichen des Bedauerns. Gott gibt ihm drei große Aufgaben:

— Elia soll bis in die Steppe von Damaskus wandern.
— Elia soll dort Hasael zum König von Syrien und Jehu zum König von Israel salben.
— Elia soll Elisa zum Propheten salben.

Gott mutet dem Lebensmüden einiges zu. Das ist Gottes Therapie, das ist Gottes Glaubenshilfe. Hansjörg Bräumer formuliert das so: ,,So begegnet Gott dem Schwermütigen, nicht mit Bedauern und Mitleid, sondern gibt seinem Leben einen neuen Sinn, indem er ihm neue Pflichten auferlegt.''[13] Wie sagte Alfred Adler zu einem schwer Depressiven? ,,Möchten Sie in 14 Tagen geheilt werden, dann gehen Sie hin und kümmern sich um Menschen, die dringend Hilfe brauchen.''

Das Kreisen um das eigene Ich hat dann ein Ende,
das Selbstmitleid wird gestoppt,
der Blick auf das eigene Elend verringert sich,
der Depressive erfährt Bestätigung und Dankbarkeit,
das angeschlagene Selbstwertgefühl wird gestärkt.

In der Bibel finden wir immer wieder wunderbar tröstliche Worte zu diesem Problem.

So heißt es beispielsweise: ,,Der Herr ist nahe denen, die zerbrochenen Herzens sind, und hilft denen, die ein zerschlagenes Gemüt haben'' (Psalm 34, 19). Oder: ,,Der Herr richtet auf, die niedergeschlagen sind'' (Psalm 146, 8).

Eine Gute Nachricht für Depressive. Es steht da nicht:

119

— Gott bestraft und kritisiert den depressiven Menschen und
seinen schwachen Glauben;
— Gott wischt mit einer Handbewegung die Depressionen vom
Tisch und befreit den Menschen von seiner Bedrückung;
— Gott legt dem Depressiven noch zusätzliche Lasten auf, weil
er seinen Glauben in Frage stellt.

Die Bibel stellt klar:

Gott ist dem Schwermütigen nahe,
Gott hilft dem Schwermütigen,
Gott richtet den Schwermütigen auf.

VII.

Die Frage nach Tod und Sterben

In Schillers Schauspiel „Die Räuber" ruft der Verbrecher Franz zutiefst betroffen aus: „Sterben! Warum packt mich das Wort so? Rechenschaft geben dem Rächer droben über den Sternen — und wenn Er gerecht ist, Waisen und Witwen, Unterdrückte, Geplagte heulen zu Ihm auf, und wenn Er gerecht ist? — Warum haben sie nur gelitten, warum hast du über sie triumphiert?"

Ob Verbrecher oder Verteidiger, ob geachtet oder ungeachtet, berühmt oder namenlos, das Wort Sterben packt jeden Menschen irgendwann einmal.

Vielleicht gelingt es uns, einige Lebensfragen zu verdrängen. Die Frage nach Tod und Sterben aber ist unausweichlich. Sie wird unser Leben wie ein Schatten begleiten. Der Tod kommt auf uns zu, ob wir wollen oder nicht. Wir können die Augen verschließen und die Gedanken daran aus unserem Kopf vertreiben, früher oder später werden uns diese Fragen einholen. In der Vorstellung vieler Menschen ist der Tod das

— unerbittliche Ende,
— die unüberbrückbare Barriere,

121

— die unbarmherzige Grenze,
— die personifizierte Hoffnungslosigkeit,
— das Ende aller Wünsche und Pläne.

Der Tod beinhaltet, daß kein Morgen und keine Zukunft mehr möglich sind. Mit modernem Zungenschlag sagen wir: no future.

Wir möchten am liebsten die Gedanken an unsere Vergänglichkeit, an Tod und Sterben aus unserem Leben verdrängen. Ich rede von mir. Ich möchte es am liebsten so. Aber ich weiß: Der Tod gehört zu meinem Leben, das irdische Ende gehört zu meiner Existenz. Das ist die Realität — alles andere ist Geschwätz. Ein Kirchenlied formuliert es treffend: ,,Mitten wir im Leben sind von dem Tod umfangen.'' Tod und Leben gehören zusammen, und der Mensch bleibt nur Mensch, wenn er das akzeptiert. Das Sterben in unser Leben zu integrieren, das ist vielleicht die größte Aufgabe, die wir zu bewältigen haben. Der Tod steht nicht nur am Ende unseres Lebens, sondern er läuft von Geburt an neben uns her. Unsere Zeit verrinnt von Minute zu Minute in Gottes Hände, bis das Maß voll ist. Wir können das Verrinnen der Zeit mit Angst registrieren, wir können es völlig verdrängen, oder wir können mit wachen Augen, mit Bewußtsein auf das Ende zuleben.

Der König und sein Narr

Ein König gab seinem Hofnarren einst zum Scherz einen Narrenstab mit bunten Bändern und klingenden Schellen; den sollte er behalten, es sei denn, er fände einen größeren Narren als ihn selbst. Nach Jahr und Tag lag der König im Sterben. ,,Wohin gehst du?'' fragte der Narr. ,,Weit von hier fort!'' sagte der König. ,,Wann kommst du wieder?'' fragte der Narr. ,,Nimmermehr!'' ,,Was nimmst du mit?'' ,,Nichts!'' ,,Welche Vorbereitungen hast du für deine Reise getroffen?'' ,,Keine!''

122

Da legte der Narr seinen Narrenstab auf das Sterbebett des Königs und sagte: ,,Du gehst fort und kümmerst dich nicht darum, was werden soll? Nimm den Stab, ich habe einen gefunden, der törichter ist, als ich jemals im Leben war.''

Muß ein Narr kommen und Ihnen und mir diesen Spiegel vorhalten? Wer sein Ende nicht bedenkt, handelt wie dieser König. Wer darauf loslebt und nicht fragt, wohin die Reise geht, handelt unklug und unweise, handelt närrisch.

Der große französische Mathematiker und Physiker Blaise Pascal war gleichzeitig ein bedeutender Philosoph und Theologe. Von ihm stammen folgende Worte über Glück und Unglück: ,,Es gibt drei Arten von Menschen. Die ersten dienen Gott, weil sie Ihn gefunden haben. Das sind die vernünftigsten und glücklichsten Menschen. Die zweiten haben Gott noch nicht gefunden, aber sie sind bemüht, Ihn zu suchen. Solche Menschen sind vernünftig, aber noch nicht glücklich. Die dritten schließlich leben, ohne Gott zu suchen und ohne Ihn gefunden zu haben. Diese Menschen sind töricht und unglücklich zugleich.''

Leben wir bewußt?

Bewußtsein macht den Menschen aus. Bewußtsein heißt, daß Leiden, Schmerzen und der Tod bedacht werden können. Tod und Sterben können bewußt wahrgenommen werden.

Weil wir Bewußtsein haben

— reagieren wir auf Leiden;
— können wir Leiden annehmen;
— können wir Leiden bewußt bekämpfen;
— können wir vor Leiden und Schmerzen kapitulieren;
— können wir gegen das Leiden protestieren;
— können wir aber auch das Leiden in unser Leben integrieren.

Der Mensch weiß im Unterschied zum Tier um sein Ende. Er rechnet mit dem Tod. Er erfährt am eigenen Leibe,

— daß er vergeht,
— daß er abnimmt,
— daß er älter wird,
— daß er schwächer und hilfloser wird.

Weil wir Bewußtsein haben, können uns alle genannten Symptome lehren, unser Sterben zu bedenken. Aber wir tun es ungern.

Ich habe eine sehr eindrückliche Geschichte gelesen, ein Märchen, das diesen Prozeß der Vergänglichkeit schildert und die damit verbundene Tatsache, daß unsere Lebensuhr abläuft.

Dieses Märchen erzählt, der Tod habe eines Tages mit einem Mann einen Vertrag abgeschlossen, in welchem er sich verpflichtete, diesen vor seiner letzten Stunde zu warnen, damit er Zeit habe, sich aufs Sterben vorzubereiten. Jahre verflossen. Plötzlich stand der Tod da und hieß den Mann, ihm zu folgen. ,,Aber du hast mich ja nicht gewarnt", rief der Sterbende in Verzweiflung. ,,Nicht gewarnt?" rief der unerbittliche Bote. ,,Jeden Tag habe ich dich gewarnt. Sind nicht deine Augen allmählich trüber geworden? Sind nicht deine Haare gebleicht, die Kräfte entschwunden? Wie oft habe ich dir überdies in der Stadt die Leichenzüge begegnen lassen? Täglich habe ich dir in der Zeitung eine Reihe von Sterbefällen gezeigt; mehr als die Hälfte von ihnen waren Leute, die in der Blüte des Lebens hingerafft wurden. Und du sagst, ich habe dich nicht gewarnt? Und nun, bereit oder nicht, komm, und folge mir!"

Es ist wichtig! Niemand kann den Terminkalender Gottes einsehen. Wir sind nicht seine Geheimschreiber. Voralarm wird nicht gegeben. Koffer können nicht in letzter Minute gepackt werden.

Arbeitssucht, die Flucht vor dem Tode

Eine Form, dem Bedenken des Sterben-müssens auszuweichen, ist die Arbeitssucht. Der Schriftsteller und Philosoph Friedrich Heer kennzeichnet diese Arbeitssucht, die offensichtlich eine Krankheit ist, folgendermaßen: ,,Zwei Arten des heute gebräuchlichen Selbstmordes im Leben: das Sterben mitten in der Arbeit und das Leben in direktem offenen Krieg. Der offenbare Hintersinn dieses arbeitswütigen, närrischen Lebens ist der: keine Sekunde in die Gefahr zu kommen, in den Abgrund des eigenen Bewußtseins zu fallen und dort von Angesicht zu Angesicht mit der zerschlissenen eigenen Person konfrontiert zu werden . . .''[14]

Arbeitssucht ist eine Flucht vor dem Zu-sich-selber-Kommen. Es ist die Flucht vor den existentiellen Fragen des Woher und Wohin. Der Arbeitssüchtige will nicht mit seinem Ende konfrontiert werden. Auf Grabsteinen oder in Traueranzeigen heißt es dann: ,,Herausgerissen aus einem arbeitsreichen Leben.'' Oder: ,,Arbeit war sein Leben.'' Das heißt, ohne Besinnung, ohne Bedenken des eigenen Lebens.

Sich mit dem Sterben vertraut machen

Dieser Gedanke ist unserer Zeit fremd geworden. Früher war das anders. Ich gehe einige Jahrhunderte zurück. Da lebte der Ritter Burkhard von Ehingen. Er hatte die eigene Totenbahre bereits vor seinem Ableben im Jahre 1467 am Bett stehen und benutzte sie beim Ein- und Aussteigen als Trittbrett. Oder ein anderes Beispiel aus dem 18. Jahrhundert. Nach der Seeschlacht von Abukir ließ sich der englische Seeheld Horatio Nelson 1798 aus dem Mast des gegnerischen Admiralschiffes einen Sarg zimmern, den er seit dieser Zeit mit sich führte und in dem er auch 1806 beigesetzt wurde. Nelson wollte im Angesicht des Todes leben. Nelson wußte, daß auch ihn das Todesschicksal während der Seeschlacht hätte ereilen können.

125

Auch die Trappisten, ein Mönchsorden innerhalb der katholischen Kirche, legten sich auf der Strohschütte ihrer Särge schlafen. Sie wollten dem Tod nicht ausweichen. Sie wollten gemäß dem Bibelwort leben: ,,Herr, lehre uns bedenken, daß wir sterben müssen, auf daß wir klug werden'' (Psalm 90, 12). Auch heute noch ist es hier und da in Deutschland üblich — als Erinnerung an den Tod — den Sarg im Haus zu lagern.

In alten Zeiten hatte man eine ganz andere Beziehung zum Tod. Jahrtausende hindurch barg die archaische Gesellschaft als eine Lebensgemeinschaft der Lebenden und der Toten, der Kinder und der Greise, der Männer und Frauen die Menschen. Der Tod gehörte zum Leben. Tote wurden aus dem Lebensbereich nicht ausgegrenzt. Die Schädel der Ahnen waren sichtbar. Die Häuser waren Wiege und Grab zugleich. Die Sterbenden lebten auf engstem Raum mit den Lebenden, mit Erwachsenen und Kindern. Geburt und Tod waren nahe beieinander. Ich glaube, daß diese Menschen ein ganz anderes Verhältnis zum Tod und zum Sterben hatten als wir heute.

Unsere Zeit hat es meisterhaft verstanden, Sterben und Tod aus dem täglichen Leben auszuschalten.

Vor längerer Zeit sagte mit ein Klient von 45 Jahren: ,,Ich habe noch nie einen Menschen sterben sehen. Ich habe es immer verstanden, mich davor zu drücken. Der Gedanke an den Tod ist mir schrecklich.''

Viele Todkranke sterben nicht mehr zu Hause, im Kreise ihrer Lieben. Sie sind in Krankenhäuser und Pflegeheime verbannt. Viele Angehörige haben Angst davor. Je säkularisierter wir leben, desto mehr werden Sterben und Tod aus dem Lebensalltag verbannt.

Ich habe in meiner Heimat noch die Leichenzüge erlebt, die alle Tage durch die Straßen zogen. Ich habe mittags die Sterbeglocke gehört, und wir haben Anteil genommen. Jeder wußte, wer im Dorf gestorben war. Eindeutig, wir haben stärker im Angesicht des Todes gelebt. Die Verflochtenheit von Geburt, Sterben und Tod war in früheren Zeiten größer.

Das Sterben von Angehörigen ist ein Segen für uns

Wir werden mit Tod und Sterben konfrontiert. Leiden, Schmerzen und Vergehen werden unmittelbar erlebt. Keine Frage, sie dienen der Reifung unserer Persönlichkeit. Wir lernen, einen wesentlichen Aspekt unseres Lebens einzubeziehen, statt ihn auszuklammern und zu verdrängen. Wir lernen an den Sterbenden, daß wir diesen Lebensabschnitt durchstehen müssen. Nicht zuletzt lernen wir zu bedenken, was es heißt, wenn wir nicht mehr da sind. Sterbende Menschen in unserer Umgebung sind eine Herausforderung an uns.

— Wir gewinnen,
— wir wachsen,
— wir reifen an ihnen.

Der Blick auf den Tod macht das gegenwärtige Leben reicher

Ich habe Berichte gelesen von Menschen, die nur noch Monate zu leben hatten, und zwar stehen diese Berichte in den Büchern der bekannten Sterbeforscherin, Frau Professor Dr. Kübler-Ross. Übereinstimmend gestanden diese Menschen: Wir erleben alles intensiver und eindrücklicher, die Oberflächlichkeit hat einer intensiven Lebensqualität Platz gemacht. Die Stunden werden ohne Hektik und Leistungsdruck mit Leben gefüllt.

Wir müssen nicht mehr wie wild etwas schaffen,
wir müssen nichts mehr beweisen,
wir müssen nichts mehr demonstrieren.

Streitereien, Rechthabereien, Beleidigungen, alles wird klitzeklein. Unsere täglichen Minisorgen und Probleme verlieren an Bedeutung. Im Angesichte der Ewigkeit sind das Lächerlichkeiten.

Von meinem geistlichen Lehrer, Pastor Johannes Busch, habe ich oft das Wort gehört: ,,Hauptsache, daß die Hauptsache die Hauptsache bleibt.'' Im Angesicht der Ewigkeit werden tausend Dinge, die uns heute gewichtig sind, nebensächlich.

,,Herr, lehre uns bedenken, daß wir sterben müssen'', heißt auch, daß wir Wesentliches von Unwesentlichem trennen. Es geht darum, daß wir richtige Maßstäbe setzen, daß wir Lebensnotwendiges und Wichtiges richtig einordnen können.

Meine Mutter ist 82 Jahre alt. Vor einigen Jahren — es war zu Weihnachten — ließ meine Frau aus Versehen das heiße Wachs einer brennenden Kerze auf ihr schönes Sofa tropfen. Meine Frau war erschrocken, ärgerte sich und schämte sich zugleich. Und meine Mutter sagte, als sie die Bescherung sah: ,,Das ist nur ein Weltschaden!''

In der Perspektive der Ewigkeit sind das wirklich Bagatellen. Wer 82 Jahre alt ist und dem Tod gefaßt ins Auge blickt, kann aus solchen Kleinigkeiten kein Drama machen.

,,Ewigkeit, in die Zeit leuchte hell herein, daß uns werde klein das Kleine und das Große groß erscheine, sel'ge Ewigkeit.''

Der Psalmvers ,,Herr, lehre du uns bedenken...'' gibt uns noch einen wichtigen Hinweis. Mose betete: ,,Herr, lehre *du* uns bedenken...'' ,,Lehre *du* uns, Herr!'' Das ist eine Bitte.

Du kannst uns die Angst nehmen, die uns alle beschleicht;
Du kannst uns die Fluchtmechanismen nehmen, die wir so gern benutzen;
Du kannst das unkluge Verhalten ändern, das wir an den Tag leben, um Tod und Sterben auszuklammern.

Ich vertraue Dir, daß Du mich besser und nachhaltiger lehren kannst, als kluge Bücher es tun können, als fromme Menschen es sagen können. ,,Herr, lehre *Du* uns!''

Wir haben eine Hoffnung

Wer zuversichtlich und ohne Verzweiflung an sein Ende denken will, braucht eine Hoffnung. Wer keine Hoffnung hat, wird in der Regel mit Grauen an den letzten Wegabschnitt denken. Er muß das Sterben und den Tod verdrängen, er muß Sterben und Tod verleugnen. Er wird mit allen Kunstgriffen, die ihm zu Gebote stehen, das Sterben und den Tod aus seinen Gedanken verbannen.

Frau Dr. Kübler-Ross schreibt in einem ihrer Bücher über die Bedeutung solcher Hoffnung über den Tod hinaus: ,,Im Rahmen dieser Arbeit mit Sterbenden wird immer wieder die Frage gestellt, ob man zu solchem Tun unbedingt einer religiösen Grundlage bedürfe. Ich kann dazu nur sagen, wenn ich nicht von zu Hause aus schon eine religiöse Grundhaltung erfahren hätte, dann wären es spätestens die Sterbenden gewesen, die mir zu einer solchen verholfen hätten. Zu sterben vermochten sie in menschlicher Würde, nicht etwa in der Hoffnung auf irgendeine Illusion, sondern im Glauben an eine Verheißung.''[15]

Was ist dein einziger Trost im Leben und im Sterben? Das ist die entscheidende Frage im Heidelberger Katechismus. Und wer die Antwort von Herzen mitformulieren kann, der verdrängt den Tod nicht, und er stürzt sich nicht in die Zerstreuung und in die Arbeit und flieht vor der Erkenntnis: Herr, lehre uns bedenken, daß wir sterben müssen.

Der Heidelberger Katechismus antwortet: ,,Daß ich mit Leib und Seele im Leben und im Sterben nicht mein, sondern meines getreuen Heilands Jesu Christi eigen bin, der mit seinem teuren Blut für alle meine Sünden vollkömmlich bezahlt und mich aus der Gewalt des Teufels erlöst hat und also bewahrt, daß ohne den Willen meines Vaters im Himmel kein Haar von meinem Haupt kann fallen, ja auch mir alles zu meiner Seligkeit dienen muß. Darum er mich auch durch seinen heiligen Geist des ewigen Lebens versichert und ihm fortan zu leben von Herzen willig bereit macht.''

Die Frage nach Tod und Leben ist in der Tat die elementarste Lebensfrage.

Was können wir tun?
Was sollten wir bedenken?

Vier konkrete Schritte können uns dabei helfen.

1. SCHRITT
Die Kunst des Liebens und die Kunst des Sterbens erlernen

Die ars amandi und die ars moriendi, d. h. die Kunst des Liebens und die Kunst des Sterbens, sind die beiden großen Künste des Lebens, die urverwandt sind und die den unvergleichlichen Reichtum eines Christen kennzeichnen können. Wer die Kunst des Sterbens beherrschen will, muß die Kunst des Liebens erlernen. Liebe beinhaltet,

sich schenken können,
sich völlig hingeben können,
verzichten können.

Wer sich nicht hingeben, verschenken, anvertrauen und sich loslassen kann, der hat die Kunst des Liebens nicht gelernt. Und mit dem Sterben ist es ähnlich. ,,Wer sein Leben liebt, der wird es verlieren. Wer aber sein Leben in dieser Welt gering achtet, wird es für das ewige Leben bewahren'' (Johannes 12, 25).

Je egozentrischer wir ausgerichtet sind im Denken, Fühlen, Glauben und Leben, desto größere Schwierigkeiten haben wir mit der Liebe und mit dem Sterben. Je weniger wir aufgeben und abgeben können, desto härter trifft uns jeder Verlust. Es sollte uns gelingen, im Laufe des Lebens das Absterben und Loslassen zu üben,

130

— das Loslassen der Eitelkeit,
— das Loslassen der schlechten Angewohnheiten,
— das Loslassen der Laster,
— das Loslassen von Illusionen,
— das Loslassen von Unwesentlichem.

„Er muß wachsen, ich aber muß abnehmen" (Johannes 3, 30).
Auch dieser Bibeltext charakterisiert treffend das Absterben und
Loslassen.

Er muß immer mehr Gestalt in mir annehmen,
mein Ich muß kleiner werden;
Er soll mich ausfüllen,
mein Ich soll an Macht und Einfluß einbüßen;
Er wird zum Mittelpunkt meines Lebens,
mein Ich spielt eine Nebenrolle.

2. SCHRITT
Tod und Sterben nicht totschweigen

Ein kleines Gedicht macht schlicht und eindrücklich klar, was
viele Menschen am liebsten möchten:

„Leg' drei Platten auf das Grab!
Schaff' die Leiche aus dem Haus
durch die Hintertür hinaus
und bedenke das Gebot:
Schweig mit uns den Tod fein tot."[16]

Immer wieder kreuzt der Tod unseren Lebensweg. Wir können
innehalten oder geschäftig weiterlaufen, wir können abschalten
oder uns ermahnen lassen: „Herr, lehre uns bedenken, daß wir
sterben müssen, auf daß wir klug werden."

Matthias Claudius, der Wandsbeker Bote, liebte das Leben.
In vielen Gedichten wird die Natur, Gottes herrliche Schöpfung,

gepriesen. Blumen, Freunde, Frau und Kind kann er besingen. Das Abendlied „Der Mond ist aufgegangen" ist ein unnachahmlicher Lobpreis auf Gottes wunderbare Welt. Und gerade dieser lebensbejahende Schriftsteller und Dichter hat sein gesamtes Schaffen dem Tode gewidmet. Seinem gesamten Werk stellte er einen Knochenmann mit der Sense voran, der ihn zeit seines Lebens begleiten sollte und ihm sogar zum „Freund Hein" wurde. Vom Tod her empfängt das Leben seine wichtigen Wertakzente. Der Tod ist der unbestechliche Philosoph, der hinter dem Regenbogen der Schönheit in der Welt das Herz zur Nüchternheit aufschließt.

> *„Der Mensch lebt und bestehet*
> *nur eine kleine Zeit,*
> *und alle Welt vergehet*
> *mit ihrer Herrlichkeit.*
> *Es ist nur einer ewig und an allen Enden*
> *und wir in Seinen Händen"*
> *(Matthias Claudius).*

Wenn ich den Tod im Auge behalte, genieße ich erst recht die Schönheiten und Güter dieser Welt. Ich weiß, daß ich diese Erde verlassen muß und in „Seinen Händen" weiterlebe. Diese Gewißheit erlaubt es mir, Tod und Sterben nicht länger zu meiden und totzuschweigen. Diese Gewißheit macht mich frei, Tod und Sterben in meiner Umgebung auszuhalten, und diese Gewißheit macht mich frei, zum eigenen Sterben ja zu sagen.

3. SCHRITT
Das Haus bestellen

Da schreibt ein Wuppertaler Pfarrer einen kleinen Artikel in einer Kirchenzeitung, und es heißt bei ihm: „Ich las vor einiger Zeit Geschichten aus Barmer Gemeinden. In ihnen standen —

oft ausführlich, für heutige Zeiten seltsam ausführlich — die Lebensgeschichten der Gemeindepastoren. Auffällig war mir, wie oft die Verfasser über die letzten Tage und Stunden der Pastoren berichteten. Gemeindeglieder werden das, was da beschrieben wurde, von ihren Eltern und Verwandten genauso erzählen können. Sie gingen einst vorbereitet in die letzte Stunde. Sie bestellten ihr Haus. Sie überdachten ihr Leben. Sie bedachten ihre Schuld. Sie sprachen mit ihren Angehörigen über ihre Erinnerungen, ihre Ängste und ihre Hoffnungen. Sie beichteten und baten um das Abendmahl. Für ihre Angehörigen war das oft eine schwere, aber gesegnete Zeit. Gibt es nicht vielleicht auch einen bösen, schnellen Tod? Keine Zeit mehr zur Einsicht und Umkehr?"[17]

Der Schreiber dieses Artikels macht ein dickes Fragezeichen hinter den Satz eines Gemeindemitgliedes, das sagte: ,,Unser einziger Trost ist, daß Vater so schnell gestorben ist. Der Arzt hat uns gesagt, er habe nicht mehr gelitten." Er fragt: Ist das wirklich ein großer Trost? Ist das wirklich Gnade? Ist das wirklich ein Segen? Wer Zeit zum Sterben hat, hat Zeit, sein Haus zu bestellen. Für alle Beteiligten eine segensreiche Zeit!

4. SCHRITT
Aufsehen auf Jesus

Der Dichter und Schriftsteller Rudolf Alexander Schröder hat den Durchschnittsmenschen unserer Tage treffend charakterisiert, der auf den Tod schaut wie das Kaninchen auf die Schlange. Er schreibt: ,,Die Welt ist im letzten aller Gründe mit nichts anderem innerlich so sehr beschäftigt als mit dem Rätsel ihrer Vergänglichkeit. Sie starrt auf ihren Tod wie das Kaninchen auf den offenen Rachen der Schlange. Und wenn sie auch nichts sehnlicher wünscht, als diesem Rachen zu entgehen, hält sie das doch für vollkommen unmöglich. Nun hat sie freilich viele und ernste Gründe, dieses ihr Entrinnen für unmöglich zu halten.

133

Aber sie brauchte doch nur den Blick ein wenig zu wenden, da würde sie neben der Schlange und neben dem offenen Grab den stehen sehen, den Maria am Ostermorgen einen Augenblick lang für den Gärtner gehalten hatte. Der würde ihr sagen, daß ihr sehnliches Wünschen recht habe, und daß es mit dem Menschen um mehr gehe als um das, was er sein erbärmliches Erdenlos nennt. Aber diesen Blick seitwärts wagen sie nicht. Sie, die Welt, das arme Kaninchen, meint in ihrem eigenen Hinstarren eine Kraft zu besitzen, die das Ungeheuer wenigstens für Augenblicke zu bannen vermöge. — Lasset uns aufsehen auf Jesus."[18]

Wer auf das Grab schaut, schaut in den Abgrund,
wer auf den Tod schaut, schaut auf das unerbittliche Ende,
wer auf Jesus, den Auferstandenen schaut, schaut auf das Leben, auf das ewige Leben.

Dieser Herr bringt nicht nur die Freiheit, Er *ist* die Freiheit,
dieser Herr bringt nicht nur das Leben, Er *ist* das Leben,
dieser Herr bringt keine Lehre von der Auferstehung, Er *ist* die Auferstehung.

Literaturverzeichnis

1 Rudolf Dreikurs, Soziale Gleichwertigkeit, Klett-Verlag, Stuttgart 1972, S. 93.
2 Eric Blumenthal, Wege zur inneren Freiheit, München 1972, S. 140.
3 Erwin Wexberg, Individualpsychologie, Verlag Wissenschaftliche Buchgemeinschaft, Darmstadt, S. 216 f.
4 Aus: V. E. Frankl, Anthropologische Grundlagen der Psychologie, S. 320 f.
5 Erich Zenger, Durchkreuztes Leben, Freiburg/Basel/Wien 1976, S. 14.
6 Hans Küng, Gott und das Leid, Einsiedelen/Zürich/Köln 1967, S. 18.
7 Viktor Frankl, Psychotherapie für jedermann, Herder-Bücherei, Freiburg 1971, S. 175 f.
8 Aus: Brennpunkt Seelsorge, 2/1977.
9 Aus: Röhm Pharma, Darmstadt, Merkblatt für Patienten und Angehörige bei endomorphen Depressionen.
10 Aus: Brennpunkt Seelsorge 4/1981, S. 59.
11 Aus: Brennpunkt Seelsorge 2/1979.
12 Zitat aus ,,Das Beste", 2/81.
13 Hansjörg Bräumer, Vom Sinn der Schwermut, Verlag Weißes Kreuz, Kassel, 1982, S. 14.
14 Friedrich Heer, Das reichere Leben, List Bücher, München 1961, S. 128.
15 Elisabeth Kübler-Ross, Leben bis wir Abschied nehmen, Kreuz-Verlag Stuttgart/Berlin 1979, S. 171.
16 Aus: Bergische Diakonie, Gemeindebrief 11 und 12/1984.
17 Aus: Der Weg 30/79, Vorbereitung auf den Tod.
18 Aus: Neukirchener Abreißkalender, 2. 2. 1981.

Bibelstellenverzeichnis

Jesaja 43, 1 . . . .
Römer 8, 38 ff. . . . .
3. Mose 19, 18 . . . .
Psalm 56, 12 . . . .
Matthäus 6, 22—23 . . . .
Johannes 16, 33 . . . .
Hebräer 10, 35 . . . .
2. Korinther 12, 10 . . . .
Johannes 16, 33 . . . .
Hiob 5, 19 . . . .
Psalm 73, 23 . . . .
2. Korinther 1, 4 . . . .
Matthäus 5, 5 . . . .
2. Korinther 4, 7—11 . . . .

Psalm 32, 3 . . . .
Matthäus 5, 28 . . . .
Matthäus 18, 23 ff. . . . .
Römer 15, 7 . . . .
Sirach 38, 2—4 . . . .
Sprüche 16, 18 . . . .
1. Petrus 5, 5 . . . .
Matthäus 6, 21 . . . .
1. Könige 19, 4 . . . .
Psalm 34, 19 . . . .
Psalm 146, 8 . . . .
Psalm 90, 12 . . . .
Johannes 12, 25 . . . .
Johannes 3, 30 . . . .

Ich bin gekommen,
damit sie
das Leben und volle Genüge
haben sollen.

Jesus Christus

Bücher von Reinhold Ruthe

Mimosen und Dickhäuter
Formen der Partnerschaft
Eine kleine Typologie der Ehe
mit vielen Beispielen aus der Beratungspraxis
128 Seiten

Mimosen und Dickhäuter, Sachtypen und Gefühlstypen, Optimisten und Pessimisten, Oberflächliche und Perfektionisten, das sind Partnerkonstellationen, die Ihnen am Arbeitsplatz, im Freundeskreis und in der Nachbarschaft begegnen. Halten Sie solche Beziehungsmuster für einen Zufall? Haben Sie Ihren Partner bewußt gewählt? Finden Sie auch in Ihrer Liebesbeziehung eine gegensätzliche Charakterstruktur? Beinhalten solche Verbindungen nicht positive und negative Seiten? Es ist wichtig, nach welchen Grundmustern sich unser Zusammenleben vollzieht. ,,Nehmt einander an, wie Christus euch angenommen hat'', Röm 15, 7. Das ist die biblische und seelsorgerliche Leitlinie, die ein harmonisches Zusammenleben selbst der unterschiedlichsten Typen garantiert. Das Buch behandelt Konflikte, Machtkämpfe und Partnerschaftsstörungen aufgrund unterschiedlicher Persönlichkeitsstrukturen und bietet anhand vieler anschaulicher Beispiele aus der Beratungs- und Seelsorgepraxis konkrete Hilfen.

Lügen die Sterne?
Astrologie und Horoskope auf dem Prüfstand
80 Seiten

Die Sterne lügen nicht. Das glauben mehr Menschen in der Welt als Anhänger beider großen Konfessionen in der Bundesrepublik zusammengenommen. Das Millionenheer der Sternengläubigen umspannt als Religion unseren Planeten bis in das letzte Dorf. 56 von hundert Deutschen beschäftigen sich mit Astrologie. In vielen Zeitungen und Zeitschriften finden sie Horoskope und astrologische Tips. Aber die Astrologie ist keine straff organisierte Religion, sie ist in unzählige Richtungen und Grüppchen zerfallen, die sich befehden. Fast jeder Astrologe hat sein eigenes Deutungssystem. Ist die Astrologie ein großangelegter jahrtausendealter Schwindel? Bestehen Einflüsse zwischen Makrokosmos und Mikrokosmos, zwischen dem Universum und dem Menschen auf unserem winzigen Planeten? Was treibt den Menschen in die Arme astrologischer Zukunftsdeuter? Will der Mensch sein Geschick vorausbestimmen lassen? Will er das Morgen kalkulieren, Liebe, Glück und Tod berechnen können?

Brendow Verlag, Moers

Gerd Schimansky

Ist Glaube erlernbar?
Mit Kindern nach Gott fragen
100 Seiten, Paperback

Wenn es um den Glauben geht, sind viele Menschen recht ratlos. Was antworten, wenn man gefragt wird? Und wie geht man mit den eigenen Fragen und Zweifeln um? Dieses Buch lädt zum Gespräch ein: Es wendet sich nicht nur an fragende, denkbereite Christen, sondern auch an solche, denen der Glaube als etwas kaum Erreichbares fernzuliegen scheint.

Nöte und Freude, Beängstigungen, Konflikte und Glückserfahrungen werden angesprochen, und vor allen Dingen, wie sich der Glaube darin auswirken kann. Wie läßt sich mit der Bibel leben? Was erscheint einem da unverständlich oder befremdlich? Wie könnte sich die Botschaft erschließen, dem Erwachsenen wie auch dem jungen Menschen?

Das Buch lädt zur Unbefangenheit ein, zur Entdeckerfreude. Der Glaube als Lebensvorgang, oft von Zweifeln und Enttäuschungen gehemmt, bedarf immer neuer Anstöße. Gerade im Gespräch mit Kindern erschließt sich vieles. Nicht nur in festlichen Stunden, auch im alltäglichen Miteinander kann sich das Evangelium befreiend auswirken.

Alfred Salomon

Heiko Bojes Höllenfahrt und Rettung
152 Seiten, Paperback

,,Fromme Bücher sind selten von ansprechender literarischer Qualität. Bei Alfred Salomons Lebensroman eines Alkoholikers ist das anders. Daß ein alter Mann wie er, einst Jugendpastor der Bekennenden Kirche Berlin, so einen lebenssprühenden, in der Wortwahl lebendigen und realistischen Roman schreibt, sollte die jungen Autoren der frommen Szene beschämen. Salomons Buch ist spannend und spielt heute, hier, nebenan.

Der Autor erzählt die Geschichte Heiko Bojes, eines jungen Mannes aus gutem Haus, der so langsam, aber sicher mit vollen Segeln in den Alkoholismus rutscht. Salomon läßt seinen Heiko dabei locker vom Hocker erzählen, schwadronieren und schnoddern — ganz so wie einer sich wohl erlebt, wenn er mit voller Fahrt in den Abgrund fährt und auch noch Spaß dran hat — bevor er endgültig abstürzt. Eins der guten Bücher über das Problem Alkohol, gut zum Selberlesen, gut auch zum Verschenken.'' (Ulrich Eggers)

Brendow Verlag, Moers